ちくま学芸文庫

現代語訳 藤氏家伝

沖森卓也・佐藤信・矢嶋泉 訳

JN178834

筑摩書房

目次

貞慧伝 060

下巻

武智麻呂伝

現代語訳　藤氏家伝

凡　例

一　本書は奈良時代後半（天平宝字四～六年〈七六〇～七六二〉頃）に成立した『藤氏家伝』（本来は単に『家伝』。上巻は鎌足伝・貞慧伝、下巻は武智麻呂伝）を現代語訳したものである。参考として、末尾に本文を付す。

一　現代語訳は、内容の分かりやすさを優先し、本文（漢文）の逐語訳となることを避けた。特に故事・典例等をふまえた表現については、必要な情報を補って、文脈が把握できるようにした。

一　訳文中に用いた符号は以下のとおりである。

（　）……補足的説明が必要な語句について、説明を付した。

〔　〕……本文の表記・用字を示した。

＊　……補注をその節の末尾に付した。

一　本書は沖森卓也・佐藤信・矢嶋泉の三名による共同研究の成果である。なお、沖森・佐藤・矢嶋『藤氏家伝　鎌足・貞慧・武智麻呂伝　注釈と研究』（一九九九年、吉川弘文館）を参照していただければ幸いである。

『藤氏家伝』現代語訳

上巻

鎌足伝

（一）鎌足の誕生

家伝巻上　大師

内大臣（鎌足が内臣でありながら大臣の位を授けられたことによる称）は、諱《いみな》（生前の実名）を鎌足、字《あざな》（成人男子が元服後につける名）を仲郎《ちゅうろう》という。大和国高市郡の人である。その始祖は天児屋根命《あめのこやねのみこと》である。代々、天神地祇《てんじんちぎ》の祭祀《さいし》を担当する職に従事し、人と神の間を取り持ってきた。そのため、その氏を大中臣《おおなかとみ》というのである。美《み》気《け》祜《こ》卿の長男で、母は大伴《おおとも》夫人である。

大臣（鎌足）は、推古天皇（豊御炊天皇《とよみけのすめらみこと》）三十四年（六二六）歳次《さいじ》甲戌《こうじゅつ》に、藤原（奈良県高市郡明日香村小原《おおはら》）の邸宅で生まれた。当初、母親の胎内にありながら、その泣き声が体外にまで聞こえた。通常の妊娠期間より長く十二カ月を経て誕生した。外祖母（母方の祖母で、大伴久《く》比《い》子《こ》の妻）が大伴夫人（鎌足の母親）に、

「あなたは、身ごもっている月数が普通の人とは異なっています。生まれてくる子は非凡で、必ずや、人知を越えたすぐれた功績をなすでしょう。」

と言った。大伴夫人も心の中で不思議に思った。出産する時に陣痛の苦しみはなく、思いの外《ほか》すんなりと生まれた。

（二）鎌足の人柄

大臣（鎌足）は、人に対する思いやりが深く、親を大切にする性格で、思考力が鋭く、先見の明があった。幼い頃から学問を好み、さまざまな分野の書伝（古人の書き記した書物）を読みあさった。日頃、太公望《たいこうぼう》が著したという兵法書『六《りく》韜《とう》』を読んでいて、繰り返し読まなくても暗唱することができた。

生まれつき身体が大きく上品で、容姿も非常にすぐれていた。前から見る者は仰ぎ見るように接し、後ろから見る者は拝むように頭を垂れるほどであった。ある人は、

「雄々しく意気盛んな成人男子が二人、常にそばに付き従っているかのようだ。」

と言った。大臣はこの言葉を聞いて、心の中で自負の念を抱いた。見識のある者は心を寄せ、その名誉は日に日に広まっていった。

（三）鎌足の奇相

皇極天皇に寵遇《ちょうぐう》されていた侍臣、蘇我入鹿《そがのいるか》〔宗我鞍作《そがのくらつくり》〕は、威厳と恩恵とで周囲を自分に服従させ、その権勢は朝廷を傾けるほどであった。入鹿が怒鳴りつけ指図すると、従わない者はなかった。ただ、大臣（鎌足）と遇《あ》った時だけは、その入鹿も自然に慎みかしこまった態度をとった。鎌足に対するこのような自分の態度を、入鹿は心の中で不思議に感じていた。

以前に、議政官〔群公〕たちの子が、みな旻《みん》法師の仏堂に集まって、『易経《えききょう》』〔周易《しゅやく》〕を読むことがあった。大臣が遅れて仏堂にやってくると、座っていた入鹿〔鞍作〕はわざわざ立ち上がって対等の礼〔抗礼〕で挨拶した後、一緒に座った。講義が終わり解散する時に、旻法師は鎌足にまばたきして合図を送り〔撃目〕、その場に鎌足を留めた。そこで、大臣に語りかけて、

「私の仏堂に出入りする者で、蘇我入鹿〔宗我太郎《そがのたいろう》〕に及ぶ者はいない。ただ、

そなただけは精神と意識において普通でない、すぐれた相が現れていて、間違いなくこの人（入鹿）よりも勝っている。深く我が身を大切にすることを願う。」と言った。

（四）三島の別邸での隠棲

舒明《じょめい》天皇〔岡本天皇《おかもとのすめらみこと》〕の治世の始めごろに、良い家柄の子弟を選んで錦冠《きんかん》（大化三年〔六四七〕の七色十三階の冠位制の第四、大錦冠または小錦冠）を授け、家業を継がせた。しかし、鎌足は中臣氏が代々担当してきた神祇《じんぎ》関係の職に就くことを固く断って、三島（大阪府高槻市付近）の別邸に帰った。仕官を求めずに自然の田野に隠棲して生来の性質を養い育て、志を高潔に保った。

急に舒明天皇〔岡本天皇〕が亡くなられ、皇后の宝《たからの》皇女が即位された（皇極《こうぎょく》天皇）。しかし、皇極天皇には政治的な求心力がなく、皇室の権力は衰退して、政治は蘇我蝦夷《そがのえみし》やその子入鹿を中心に行なわれるようになった。大臣（鎌足）はこのことを心の中で憤り嘆いた。

（五）軽皇子との出会い

ある時期、軽《かるの》皇子（後の孝徳《こうとく》天皇）が足の病で参内しなかった。大臣（鎌足）は昔から軽皇子と親しくしていた。以前*から、軽皇子の宮にうかがい、詰めて宿ることがあった。この時も皇子の宮に参上して、一晩中ともに語り合い、疲れることも忘れるほどであった。

軽皇子は、鎌足が遠大な構想をもち、賢明な計画を立てる能力が普通の人よりも抜きん出ていることを知って、特に礼儀をもって手篤く待遇し、鎌足とよしみを結ぶように取り計らった。そこで、寵愛《ちょうあい》する妃に命じて、朝に夕にそばについて世話をさせた。住まいや飲食は、普通の人とは異なる特別待遇であった。

大臣は、軽皇子の恩恵のある待遇に感動し、親交のある舎人《とねり》（皇族などに私的に仕え、警護や身辺の雑用をする側近者）に密《ひそ》かに告げて、

「特別に手厚い恩恵を受けておりますことは、まさに望外の幸せです。どうして、あなたの主君に天皇〔帝皇〕となっていただかないことがありましょうか（いつかは必ず天皇の位にお即《つ》きいただくつもりです）。」

と言った。君子たるものは言ったことは必ず実行するもので、結局のところ、それは後に軽皇子を即位（孝徳天皇）させた行為に現れている。

先ほどの舎人が鎌足の言葉を軽皇子にお伝えしたところ、皇子は大いに喜ばれた。しかし、皇子の度量の大きさは、ともに大きな事業を企てるのには不十分であった。

＊以前から……本文には「宿故」とあり、以前からの意。酷似した文章が『日本書紀』皇極三年正月乙亥朔条に見え、そこには「故」（そこで、の意）とあることから、「宿」を衍字《えんじ》として削除するのが一般的である。しかし、両書間には同一内容とはいえない部分も認められるので、「宿故」も本書独自の表現であると考えられる。

（六）中大兄皇子との出会い

さらに、君主とすべき人物を物色して広く皇族〔王宗〕の人々を見たところ、ただ一人、中大兄皇子《なかのおおえの》だけが、遠大な計略を抱き、人並みすぐれた賢明な方であり、ともに乱れた世を整え、正道に戻すことのできる人物であると思われた。しかし、面識を得る機会がなかった。

たまたま蹴鞠《けまり》をしている庭を通りかかったところ、中大兄皇子の皮製の靴が、鞠とともに飛んできて落ちた。大臣（鎌足）がそれを手に取って差し上げたところ、中大兄皇子は礼を尽くして受け取られた。これをきっかけにして、互いにうち解け合い、魚と水のように親密な君臣の関係となった。

（七）蘇我入鹿の暴挙

皇極《こうぎょく》天皇〔後岡本天皇《のちのおかもとのすめらみこと》〕二年（六四三）歳次癸卯《きぼう》の冬十月に、蘇我《そがの》〔宗《そ》我《がの》〕入鹿《いるか》はもろもろの王子たちとともに謀略を企て、厩戸《うまやどの》皇子〔上宮太子〕の息子である山背大兄《やましろのおおえの》皇子らを殺そうと考えて、次のように言った。

「山背大兄は、我が家系に生まれた。そのすぐれた徳性は世に知れ渡り、偉大な徳によって人々を正しい方向に教え導く影響力は、あり余るほどである。舒明《じょめい》天皇〔岡本天皇《おかもとのすめらみこと》〕が皇位を継承された時、臣下たちは「舅《おじ》〔蘇我蝦夷《えみし》〕と甥《おい》（山背大兄皇子）の間には、深い溝がある」と噂した。また、山背大兄皇子を次の天皇として推挙した坂合部臣摩理勢《さかいべのおみまりせ》を父の蘇我蝦夷が殺したことによって、恨みはすっかり深まってしまった。まさに今、舒明天皇〔天子〕がお亡くなりになり、皇后（宝皇女。後の皇極天皇）が即位を待たずに政務を執られている。天皇となることをねらっていた山背大兄の心中は、きっと穏やかではなかろう。どうして乱を起こさないことがあろうか。甥に当たるからといって温情をかけることなく、国の安定を期すために山背大兄を亡き者にする計略を実行しよう。」

もろもろの王子たちは、それに賛同した。ただ、入鹿の方針に従わなければ我が身に危害が及ぶことを恐れて、みな承諾するしかなかったからである。

そして、とうとう某月某日に、山背大兄皇子を斑鳩寺《いかるが》（法隆寺下層の若草伽《が》藍《らん》）で殺害した。見識のある者は心を傷めた。父である蘇我蝦夷《そがのえみし》（豊浦大臣《とゆらの》）は怒って、

「入鹿〔鞍作《くらつくり》〕よ、お前のような愚か者がどこにいるだろうか。我々の一族は今まさに滅亡しようとしている。」

と言った。憂慮に堪えない面持ちであった。

一方、入鹿〔鞍作〕は、やっと喉《のど》に刺さった魚の骨（山背大兄皇子）を取り除くことができ、これで後々悔いを残すことはない、と思った。新《しん》の王莽《おうもう》のように王朝を乗っ取ってしまいそうな、きな臭さが徐々に漂い始め、後漢の董卓《とうたく》のように凶暴に権勢をふるいかねない入鹿の傲慢なふるまいが、とうとうこの国で行な

われてしまったのである。

（八）蘇我本家打倒計画（1）——鎌足の妙策

こうした中、中大兄皇子は大臣（鎌足）に、

「天皇〔王〕の政治が議政官〔大夫《まえつきみ》〕によって左右され、周《しゆう》王室の権威が、魯《ろ》の公族、季孫《きそん》氏に移ったように、皇位が重臣の手に渡ろうとしている。公（鎌足）はこの事態にどう対処しようとするのか。妙策があれば、述べてほしい。」

と言われた。大臣は、乱れた世を治め、正道に戻すことのできる計略を詳細に申し上げた。中大兄皇子はこれを喜び、

「まさに公は私にとって、漢《かん》の子房《しぼう》（張良《ちようりよう》）のような信頼するに足る存在である。」

と言われた。

大臣は勢力のある一門の助力を求めようと思い、入鹿《いるか》〔鞍作《くらつくり》〕と不仲な人物を

密《ひそ》かに探していると、蘇我倉山田石川麻呂《そがのくらのやまだのいしかわのまろ》〔山田臣《やまだのおみ》〕が入鹿〔鞍作〕と互いにいがみ合っていることをつきとめた。中大兄皇子にこのことを申し上げて、「山田石川麻呂〔山田臣〕の人柄を観察したところ、意志が強く勇敢で、その威光と人望もまた高いものがあります。もし彼の賛同を得ることができたなら、必ずや計画が成功するに違いありません。どうか、まずは姻戚《いんせき》関係を結び、その後、肝心要《かんじんかなめ》の戦略を実行に移すようお願い申し上げます。」と述べた。中大兄皇子はこの意見に従われた。

そして、山田石川麻呂〔山田臣〕の家に赴き、長女との結婚を申し出たところ、山田石川麻呂〔山田臣〕はこれを承諾した。

（九）蘇我本家打倒計画（2）――中大兄皇子の政略結婚

正月、二月、三月〔三春〕と瞬く間に日は過ぎ、嫁入りの華やかな行列を迎えようとするまさにその時に、蘇我倉山田石川麻呂《そがのくらのやまだのいしかわのまろ》の弟の蘇我日向《ひむか》〔武蔵《むざし》〕が、嫁入りすることになっていた山田石川麻呂の長女をそそのかして連れ去ってしまった。山田石川麻呂〔山田臣《やまだのおみ》〕は思い悩み、驚き慌てて、どうしたらよいか途方にくれた。

次女（遠智娘《おちのいらつめ》）がその傍《かたわ》らにいた。父親の悩む様子を見て、問いかけて、

「どうしてひどく悔《くや》しがられていらっしゃるのですか。」

と言った。父の山田石川麻呂がその理由を話したところ、次女は、

「私は美人の誉れ高い春秋時代の越《えつ》の西施《せいし》のような容貌ではありませんが、醜いけれど聡明だった黄帝《こうてい》の妃、嫫姆《ぼぼ》のような心情を持っています。私を代わりにお嫁入りさせてください。」

と言った。父は大変喜び、次女を中大兄皇子に進上することにした。

中大兄皇子は蘇我日向〔武蔵〕の無礼に怒り、刑罰を加えようとした。大臣（鎌足）はこれを諫《いさ》めて、

「すでに国家に関する重要な計画を決定したのです。どうして家庭内のささいな過失にお怒りになるのですか。」

と申し上げた。中大兄皇子は、そこで処罰することを思い止まられた。

（一〇）蘇我本家打倒計画（3）――蘇我倉山田石川麻呂との密議

こうしたことがあった後に、大臣（鎌足）は蘇我倉山田石川麻呂《そがのくらのやまだのいしかわのまろ》〔山田臣《やまだのおみ》〕に対して、おもむろに次のように切り出した。

「入鹿《いるか》〔太郎《たいろう》〕の乱暴な振る舞いは、人も神も皆が憎んでいます。もし悪人同士が助け合って悪事を働けば、必ずや一族滅亡の災いがありましょう。慎重に情勢をご判断ください。」

と言ったところ、蘇我倉山田石川麻呂〔山田臣〕は、

「私もそのように思っておりました。謹んでご命令に従います。」

と言った。

そこで、一緒に計画を練り、ただちに戦いを起こそうとした。中大兄皇子が、

「忠誠心をもって事前に陛下（皇極天皇）にご報告申し上げようと思うが、計画

が失敗することを恐れる。そこで、ご報告せずに黙っていようと思うのだが、それでは陛下〔帝〕をお驚かせ申し上げることになるのを苦慮する。臣下として行なうべきことは、どうすれば道義にかなうのか。公（鎌足）たち、私のために意見を述べなさい。」

と述べられたところ、大臣は、

「臣下としてなすべきことは、ただ忠と孝です。忠孝の道とは国を完全な状態に保ち、一族の勢いを盛んにすることです。もし、天皇による統治という法が混乱をきたしてなくなってしまい、帝王の事業の基盤が崩れ去ったならば、不孝であり不忠であることは、これに及ぶものはありません。」

と答えた。中大兄皇子は、

「私が成功するか失敗するかは、そなた（鎌足）にかかっている。くれぐれも慎重を期すように。」

と言われた。そこで、大臣は佐伯連古麻呂《さえきのむらじこまろ》と稚犬養連網田《わかいぬかいのむらじあみた》を推薦して、

「武勇にすぐれ決断力があり、鼎《かなえ》を持ち上げるほどの力持ちです。重要な計画に

参与できる者は、ただこの二人しかおりません。」

と言った。中大兄皇子はこの意見を承認された。

（一二）乙巳の変（1）――三韓の上表文

皇極天皇〔後岡本天皇《のちのおかもとのすめらみこと》〕四年（六四五）歳次乙巳《いつし》の夏六月に、中大兄皇子は偽《いつわ》って三韓《さんかん》（高句麗《こうくり》・百済《くだら》・新羅《しらぎ》）が上表文《じょうひょうぶん》を奏上したと吹聴《ふいちょう》させた。当時の人々は、そのことを事実であると思った。そこで、中大兄皇子は蘇我倉山田石川麻呂《そがのくらのやまだのいしかわのまろ》〔山田臣〕に、

「三韓の上表文はそなたに読みあげてもらおう。その気が緩んでいるすきに、入《いる》鹿《か》を殺そうと思う。」

と言われた。蘇我倉山田石川麻呂〔山田臣〕はこれを承諾した。ここに計画は決定した。

（一二）乙巳の変（2）――入鹿を呼び出す

皇極四年（六四五）六月戊申《ぼしん》の日（十二日）に、皇極天皇〔帝〕は正殿に出御された。古人大兄皇子《ふるひとのおおえのみこ》は、その傍《かたわ》らに控えられた。舎人《とねり》を遣わして、急いで入鹿《いるか》を喚び寄せた。

入鹿は起ち上がって靴を履《は》こうしたが、靴は三回転して手につかなかった。入鹿は心の中に不吉なものを感じ、戻ろうかと考えてうろうろと逡巡《しゅんじゅん》した。しかし、舎人がしきりに喚び出すので、しかたなく急いで参上した。

大臣（鎌足）は以前から、入鹿が疑い深く、昼も夜も剣を身に帯びていることを知っていた。そこで、前もって俳優《わざおぎ》（滑稽な所作で歌舞を演じる芸能者）を使って、騙《だま》して剣を解かせるようにさせた。入鹿は笑って剣をはずし、宮中に入って座に控えた。

（一三）乙巳の変（3）――蘇我倉山田石川麻呂、上表文を読む

蘇我倉山田石川麻呂《そがのくらのやまだのいしかわのまろ》（山田臣）は進み出て、三韓の上表文を読み上げると、中大兄皇子は衛門府《えもんふ》に命じて、一斉に宮城の十二門をすべて閉じさせた。

その時、中大兄皇子は自ら長い槍《ほこ》を手に取り、正殿の傍《かたわ》らに身を隠した。大臣（鎌足）は弓矢を持ち、中大兄皇子を護衛した。中大兄皇子は、箱の中の二本の剣を佐伯連古麻呂《さえきのむらじこまろ》と稚犬養連網田《わかいぬかいのむらじあみた》に授けて、

「心して、一撃で斬り殺せ。」

と言われた。佐伯連古麻呂らは水で飯を腹に流し込もうとしたが、恐怖と緊張のあまり咽《む》せて吐き出してしまった。大臣は大声を出して彼らを励ました。

（一四）乙巳の変（4）——入鹿を斬る

蘇我倉山田石川麻呂《そがのくらのやまだのいしかわのまろ》〔山田臣〕は、上表文を読み終えようとしているにもかかわらず、佐伯連古麻呂《さえきのむらじこまろ》らがまだ出て来ないことを不安に思い、全身が汗まみれになり、声が乱れ手が震えた。入鹿《いるか》〔鞍作《くらつくり》〕は不審に思い、

「どうして震えているのか。」

と尋ねると、山田石川麻呂〔山田臣〕は、

「恐れ多くも陛下の御前ですので、思わず汗が流れ出てまいりました。」

と答えた。

中大兄皇子は、古麻呂らが入鹿の威厳に恐れをなし、躊躇《ちゅうちょ》して実行に移せないのを見て、「やあ。」としかり声を上げ、即座に古麻呂とともに不意をついて、剣を振りかざして入鹿の頭や肩に斬りつけた。

（一五）乙巳の変（5）――入鹿の死

入鹿《いるか》は驚いて立ち上がった。古麻呂《こまろ》は剣を振りかざして、入鹿の片足を斬った。入鹿は起ち上がり、玉座にすがりついて、頭を床につけて、

「私に罪はありません。どうか詳しくお調べください。」

と申し上げた。皇極天皇はたいそう驚かれて、中大兄皇子に詔《みことのり》して、

「いったいどうすればよいのか分かりません。何があったのですか。」

と言われた。中大兄皇子はひれ伏して、皇極天皇に、

「入鹿〔鞍作《くらつくり》〕は皇統を滅ぼし、皇位を傾けようとしています。どうして皇統を入鹿〔鞍作〕に代えられましょうか。」

と申し上げた。皇極天皇は起ち上がり、建物の中にお入りになった。そのあと、ついに古麻呂らは入鹿〔鞍作〕を斬り殺した。

この日は雨が降り、溢《あふ》れた水で庭が水浸しになった。敷物や屏風《びょうぶ》で入鹿〔鞍

作〕の遺体を覆っただけであった。

（一六）乙巳の変（6）――蘇我蝦夷健在

人々はいろいろと取りざたして、「天命によって逆賊を滅ぼしたのだ」と思った。しかし、入鹿《いるか》の父、蘇我蝦夷《そがのえみし》〔豊浦大臣《とゆらの》〕はなお健在であり、ずるがしこい賊徒はまだ降伏してはいなかった。

中大兄皇子はすぐさま法興寺（飛鳥寺《あすか》）に入って、そこを砦《とりで》として非常事態に備えた。議政官〔公卿大夫〕たちは、ことごとく中大兄皇子につき従った。使者を遣わして、入鹿〔鞍作《くらつくり》〕の遺体を蝦夷〔豊浦大臣〕に引き渡した。

（一七）乙巳の変（7）――東漢氏の退散

この時、漢直《あやのあたい》（東漢氏《やまとのあや》）らは一族を集めて、鎧《よろい》を身につけ武器を手にし、蘇《そ》

我蝦夷《がのえみし》〔大臣〕を助けようとして、軍の陣営をいくつかに分けて設営した。中大兄皇子は巨勢臣徳陀《こせのおみとこだ》を遣わして、

「我が国の運営は、お前たちとは関わりのないものである。どうして天に背《そむ》いて抵抗し、自らの一族を滅亡に追い込もうとするのか。」

と言い伝えた。逆賊となった一味の高向臣国押《たかむこのおみくにおし》は漢直らに、

「我が主人である入鹿《いるか》〔太郎《たいろう》〕はすでに殺されてしまった。大臣〔蘇我蝦夷《そがのえみし》〕も空しく誅殺《ちゅうさつ》されるのを待つしかないことは決定的である。いったい誰のために無駄に戦って、皆処刑されようというのか。」

と言い、言い終わるや、逃げ出してしまった。賊徒たちもまた逃げ散ったのであった。

〔一八〕乙巳の変（8）――蘇我本家の滅亡

皇極四年（六四五）六月己酉《きゆう》の日（十三日）に、蘇我蝦夷《そがのえみし》〔豊浦大臣《とゆらの》蝦夷〕は、

自身の邸宅（奈良県高市郡明日香村の甘檮丘《あまかしのおか》にあった）で自尽《じじん》（自殺）した。悪い気が洗い除かれ、逆賊は身を潜めた。人々は飛び上がって喜び、みな万歳を唱えた。

中大兄皇子は鎌足をほめ称《たた》えて、

「崩れかけていた国家の大本がまた正され、衰えかけていた国運が再び盛んになったのは、まさに公（鎌足）のお陰である。」

と言われた。大臣（鎌足）は謙遜して、

「これは、あなた様の高い徳によるものです。私の功績ではありません。皆の者が服従したのは、私が手を下した結果ではありません。」

と申し上げた。

（一九）孝徳天皇の擁立（1）――鎌足の進言

皇極四年（六四五）六月庚戌《こうじゅつ》の日（十四日）に、皇極天皇〔天豊財重日足《あめとよたからいかしひたらし》

姫天皇《ひめのすめらみこと》」は皇位を中大兄皇子に譲ろうとお考えになった。このことについて中大兄皇子が大臣（鎌足）に意見を求めたところ、「古人大兄皇子《ふるひとのおおえの》は殿下の兄君でいらっしゃいます。軽万徳王《かるのまんとくおう》（軽皇子。のちの孝徳天皇）は殿下の叔父君でいらっしゃいます。今、古人大兄皇子を飛び越して、殿下が天皇の位に即《つ》かれたならば、それは年少者としての慎み深さに反しましょう。ここは取り敢えず叔父君（軽皇子）を立てて、民衆の要望に応えるのがよいのではないでしょうか。」と答えた。中大兄皇子はこの意見に従って、密《ひそ》かに皇極天皇にその旨を奏上した。

（二〇）孝徳天皇の擁立（2）——有言実行

皇極天皇は、命を伝える文書〔策書〕を下して、皇位を軽皇子《かるのみこ》にお譲りになった。これが孝徳天皇〔天万豊日天皇《あめよろずとよひのすめらみこと》〕である。この即位は、まさに大臣のかつての発言が実現したものであった。識者は、

「君子は嘘をつくことなく、必ず言ったことを実行する。それが今、現実のものとなった。」

と言った。

皇極天皇〔天豊財重日足姫《あめとよたからいかしひたらしひめの》天皇〕は皇祖母尊《すめみおやのみこと》と申し上げることとなり、中大兄皇子は皇太子となった。そして、元号を改めて大化とした。

（一二）孝徳朝（1）——大錦冠、内臣となる

孝徳天皇は詔《みことのり》を下して、

「国家が安泰となることができたのは、まさに鎌足公の尽力によるものである。国家が統一されたのも、またこのたびの行ないによって実現した。そこで、大錦《だいきん》冠《かん》（大化三年〔六四七〕の七色十三階の冠位制の第七位）に叙し、内臣《うちつおみ》の位を授け、二千戸の封戸《ふこ》を与える。軍事と国政の重要事項は、公の判断に任せることとする。」

と述べられた。

大臣（鎌足）は遠方まで足を運び、身分の卑しい者でも役人として推挙した。人材を適材適所に配したことから、もはや在野に有能な人材がいなくなった。これによって、官位が順序よく整い、儒教に基づく政治が世に行き渡った。

（一二）孝徳朝（2）――紫冠となる

白鳳《はくほう》五年（六五四）秋八月に、孝徳天皇は詔《みことのり》を下して、次のように述べられた。

「道理を尊び、賢者を任用するのは、昔のすぐれた君主〔先王〕以来の常に守るべき法則である。功績をほめ称《たた》え恩義に報いることは、聖人が行なうべき教えの言葉である。大錦冠・内臣である中臣連（鎌足）は、功績は建内宿禰《たけうちのすくね》に並ぶにもかかわらず、その位はいまだ民衆の希望するところに達していない。そこで、特別に紫冠（大化五年〔六四九〕の十九階冠位制の第六位の「小紫」をいうか）に叙し、八千戸の封戸《ふこ》を加えることとする。」

（一三）斉明朝（1）――大紫冠となる

急に孝徳天皇〔天万豊日天皇《あめよろずとよひのすめらみこと》〕が、すべての政務を厭《いと》われて、亡くなられた。皇祖母尊《すめみおやのみこと》（皇極）は、世間の願いを聞き入れて、再び斉明天皇として重祚《ちょうそ》されれた。執務はすべて皇太子（中大兄皇子）にお任せになった。皇太子はすべてのことについて鎌足に相談して決定し、そのあとで実行に移すようにされた。

こうして、遠くより海山を越えて朝貢の使者が絶え間なくやってくるようになった。堯帝《ぎょうてい》の時代に壌《じょう》（楽器の名）を叩いて堯帝の徳を讃美する歌を歌った故事のように、天下太平のなか、やがて食に満ち足りた民衆たちは腹鼓を打って太平の代を謳歌《おうか》するように、豊かになっていった。

君主（斉明と中大兄皇子）がすぐれ、臣（鎌足）が賢くなければ、どうしてこのような立派な政治が行なえるであろうか。そこで、斉明天皇は鎌足を大紫冠

（大化五年〔六四九〕の十九階冠位制の第五位）に叙し、爵位を挙げて公爵となし、五千戸の封戸を加えた。封戸《ふこ》は合わせて一万五千戸となった。

（二四）斉明朝（２）——百済救援

白鳳十二年（六六一）冬十月に、斉明天皇は難波宮《なにわのみや》に行幸された。そして、ただちに鬼室福信《きしつふくしん》（六六〇年に滅亡した百済の遺臣で、復興勢力を率いていた）からの百済《くだら》救済の要請に従い、筑紫《つくし》に行幸して、百済へ救援の軍隊を派遣しようと考え、まず初めに武器を準備させた。

白鳳十三年（六六二。『日本書紀』は斉明六年〔六六〇〕十二月のことと伝える）の春正月に、斉明天皇は船で西に赴き、初めて海路を取られた。

同年三月に、斉明天皇を乗せた船は娜大津《なのおおつ》（博多湾）に停泊し、天皇は磐瀬行宮《いわせのかりみや》に入られた。天皇は、この宮の名を改めて長津《ながつ》とされた。

同年夏五月に、朝倉橘広庭宮《あさくらのたちばなのひろにわのみや》に移り、そこで対外的な政務を執られた。

（二五）斉明朝（3）――奇瑞の出現

白鳳十三年（六六二）秋七月に至って、斉明天皇は病気になられた。そこで、大臣（鎌足）は心の底から危惧《きぐ》し、神に祈り、また御仏にすがって、熱心に天皇の長寿を願った。すると玉に彫られた仏像〔璧像〕が腕を伸ばして鎌足の頭をなで、観音菩薩が鎌足の夢に託して中空に現れた。聖なる奇瑞《きずい》があるべき所に現れるというのは、まさにこのことである。

そこで、僧の道顕《どうけん》は次のように言った。

「昔、斉《せい》の雍門子《ようもんし》狄《てき》は、越《えつ》の国の軍が斉の国境に迫った時、自分の君主を侮《あなど》っているからだと憤慨《ふんがい》し、かつて斉の侍衛が王の乗る車の轂《こしき》（車輪の中心にあって車軸を通す部分）が音を立てた責任をとって自害することを君主に請うた故事を引いて、斉王に死を願い出た、といいます。

節義の人であった楚《そ》の将軍公子《こうし》貞《てい》は、康《こう》王に命ぜられた呉《ご》国討伐を果たせずに敗走する際、敗退は君主を辱《はずかし》めることになるとして地面に穴を掘って自害した、といいます。

楚《そ》の昭王《しょうおう》が病気になった時、群がって飛ぶ鳥のような雲が太陽を挟むように現れ、「これは王に災いがふりかかる予兆ですが、その災いは宰相〔令尹《れいいん》〕司馬《しば》に移すことが可能です」と言う太史《たいし》の言葉を受けて、宰相〔令尹〕司馬は王の身代わりになろうとした、といいます。

同じ時、黄河の神の祟《たた》りとする占いの結果が出たにもかかわらず、河の神を祭ろうとしない昭王の身を心配し、大夫が代わりに生け贄《にえ》を用いて祭祀を行ないたいと申し出た、といいます。

これらの故事が伝える忠臣の美名は永遠に朽ち果てることなく、その忠貞の心はまことに素晴らしいと言えましょう。しかし、鎌足公が今行なったことと比較すれば、それらははるかに劣っています。どうして同じ次元のものとして語ることができましょうか。」

（二六）天智朝（1）——皇太子、喪服で政務を代行する

寿命には限りがあるもので、斉明天皇は朝倉行宮《あさくらのかりみや》で亡くなられた。皇太子（中大兄皇子）は、白の喪服《もふく》を着たまま政務を代行された。

この月（白鳳十三年〔六六二〕七月）に、唐の蘇定方《そていほう》将軍と突厥《とっけつ》（六世紀中頃に興り、約二百年間モンゴルを中心に栄えた遊牧国家）の王子契苾加力《けいひつかりき》らの軍勢が、水陸両路から高句麗《こうくり》〔高麗〕の平壌城《へいじょうじょう》の城下に至った。皇太子は長津宮《ながつのみや》に居を移し、そこで海外の軍政を指揮された。

（二七）天智朝（2）——皇太子の鎌足讃辞

その当時、皇太子（中大兄皇子）は侍臣に語って、次のように言われた。

「「大唐には魏徴《ぎちょう》が、高句麗《こうくり》〔高麗〕には泉蓋蘇文《せんがいそぶん》〔蓋金《がいきん》〕が、百済《くだら》には善仲《ぜんちゅう》が、

そして新羅《しらぎ》には金庾信《きんゆしん》〔庾淳《ゆじゅん》〕がいる」と伝え聞いている。おのおの一国を守る有能な重臣として、その名は万里にとどろいている。皆それぞれの国の俊才で、その知略は人よりも抜きん出ている。しかし、これら多くの人たちも、我が内臣《ないしん》（鎌足）と比べれば足もとにも及ばないだろう。どうして張り合うことができようか。」

冬十一月に、斉明天皇の亡骸《なきがら》が朝倉宮《あさくらの》から到着し、飛鳥《あすか》川の川原で殯《もがり》の儀礼を行なった。

（二八）天智朝（3）――皇太子、政務を執る

白鳳十四年（六六三）に、皇太子（中大兄皇子）が天皇に代わって政務を執られることになった。

若い頃に苦労をともにしたので、鎌足と中大兄皇子との親交は特別に篤《あつ》かった。二人は、義においては君臣の関係であったが、礼においては互いに師として尊敬

しあう友人であった。屋外にいる時は同じ車に相乗りしたり、馬を並べて走らせたりし、屋内にいる時は敷物を接して座ったり、膝を接して座ったりするほど親密であった。

皇太子の政治は寛大で緩やかであることを尊重し、民衆の教化には慈恵の心があった。ついには自身の徳によって天下を覆い尽くし、海外を威圧し懐柔した。そのため、三韓は服属して仕え、万民の生活は安寧であった。

（二九）天智朝（4）――高句麗王、鎌足に書を贈る

かつて、亡くなった高句麗《こうくり》王〔高麗王〕は、鎌足〔内公〕に書状を贈って次のように述べた。

「思えば、大臣（鎌足）の、民衆を教化する仁の力は遠くまで行きとどき、盛んな徳の力ははるかな地にまで及んでいます。天皇の徳に基づく治世を千年にわたるほどに行きわたらせ、その立派な行跡を万里に知らしめました。鎌足公は国家

の棟梁《とうりょう》（建物の棟《むね》と梁《はり》に相当する重要な人物）であり、民衆を導く重要な人物です。国家全体が敬い慕い、国民が願い望む人物です。はるか遠く公の名声を聞き、喜び手を打って、慶賀の思いを深く馳《は》せています。」

（三〇）天智朝（5）——太平の代

皇太子中大兄皇子の摂政《せっしょう》六年（六六七）春三月に、近江国《おうみのくに》（滋賀県）に遷都された。

摂政七年（六六八）正月に、新たに天皇が即位された。これが天智《てんじ》天皇（天《あめ》命開別天皇《みことひらかすわけのすめらみこと》）である。天下は異変や災害もなく安定していて、人々は遊覧を好んだ。飢餓に苦しむ人もなく、家々には貯蓄する余裕もあった。民衆は、みな太平の代を称賛した。

（三一）天智朝（6）——大海人皇子の命を救う

ある時、天智天皇〔帝〕は群臣を招集して、琵琶湖のほとりの楼閣《ろうかく》で酒宴を開かれた。宴たけなわを迎え、列席者の感興は最高潮に達した。

その時、突然、大皇弟（大海人皇子《おおあまのみこ》）が長い槍で敷板を貫かれた。天皇は驚き、大変お怒りになって、その場で大海人皇子を殺そうとされた。しかし、大臣（鎌足）が強く諫《いさ》めたので、かろうじて思いとどまられた。

大海人皇子は、はじめ大臣の待遇が高いことを快く思っていなかったが、この事件の後は、特に大臣との親睦関係を大切にされるようになった。後に、壬申の乱に直面して、吉野から東国に向かった時に、

「もし大臣（鎌足）が生きていたなら、私はこのような辛苦《しんく》を経験するには至らなかっただろうに。」

と嘆かれた。人々の思いも、ほぼ同様であった。

（三二）天智朝（7）——礼儀の編纂と律令の修訂

摂政七年（六六八）秋九月に、新羅《しらぎ》が朝貢してきた。大臣（鎌足）は新羅使の金東厳《きんとうげん》に託して、新羅の大臣〔上卿〕金庾信《きんゆしん》に船一隻《せき》を賜った。そのことを、ある人が諫《いさ》めたところ、鎌足〔大臣〕は答えて、

「天下はすべて王（天皇）の土地であり、そこに住む人は誰もがみな王の臣下です。」

と言った。

これ以前に、天智天皇は大臣（鎌足）に『礼儀《らいぎ》』の編纂と『律令《りつりょう》』の修訂とを命じられた。大臣は、天と人との間をとりもつ中臣氏の家柄から、天と人双方の性質に精通しており、その知識を活かして朝廷の規範を作った。

大臣と当時の賢人たちは協力して古い礼典の条文を増減し、おおかたの条文を作成した。それはひとえに敬愛の精神を尊重し、また不正な行為を禁止したもの

であり、道理の面では訴訟を慎むようにし、道徳の面では人の生を愛することを広めた。周《しゅう》の軽典・中典・重典の三つの法典、漢《かん》の九篇に至るまで、これらに加えるべきものはなかった。

（三三）鎌足危篤（1）――天智天皇、鎌足を見舞う

天智天皇の即位二年（六六九）冬十月に、大臣（鎌足）は徐々に体調が悪くなり、ついに危篤状態になった。天智天皇〔帝〕は大臣の私邸にお出でになり、みずから病床を見舞われた。そして、天の神〔上帝〕に大臣の病気が治るよう祈られた。

翌日、天皇の誓願も効果なく、大臣の病状はますます重くなった。そこで天皇は詔《みことのり》して、

「もし思うことがあれば言いなさい。」

と述べられた。大臣は答えて、

「私はまったく至らぬ者です。敢えて申し上げることはありません。ただ、私の葬儀は簡素なものにしてくださるようお願いします。生きていても国家にとって何のお役にも立てず、どうして死んで民衆を苦しめるようなことができましょうか。」

と申し上げた。言い終わるとすぐに床に伏して、もう言葉はなかった。天皇は咽《むせ》び泣いて、悲しみに耐えられなかった。すぐに宮に帰還された。

（三四）鎌足危篤（2）——織冠と藤原の姓を賜る

後日、東宮大皇弟（大海人皇子）を遣わして大臣（鎌足）の家に行かせ、詔《みことのり》して次のように述べられた。

「はるかに昔の時代を思うに、天皇の御世《みよ》ごとに天皇を補佐して政治を執り行なった大臣は一人や二人ではなかった。しかし、その功労と才能を考えれば、公（鎌足）とは比べものにならない。単に私だけが公を寵愛《ちょうあい》するのではない。後代の天皇たちも、私と同様に公の子孫たちを寵愛するであろう。忘れたり欠けたりすることなく、広く厚く功績に報い応《こた》えよう。

この頃、病状が重いと聞いて、私はますます心を傷めている。そなたをその功績に見合った任につけることとする。」

そこで、織冠《しょっかん》を授け、太政大臣（内臣である鎌足を、あとから大臣に列したもの）に任じ、姓《せい》を改めて藤原朝臣とされた。

（三五）鎌足の死（1）――天智天皇の詔（1　予期せぬ別れ）

天智二年（六六九）十月十六日辛酉《しんゆう》の日に、鎌足は淡海《おうみ》（滋賀県）の邸宅で亡くなった。年は五十六歳であった。天智天皇〔上〕は声をあげて泣き、大変に悲しまれた。天皇は鎌足の死を悼んで、九日間政務をお休みになった。

甲子《かっし》の日（十九日）に、天皇は宗我舎人臣《そがのとねりのおみ》を遣わして、詔《みことのり》して次のように述べられた。

「内大臣某の朝臣（鎌足）は、予期せぬ間に突然に亡くなって〔薨〕しまった。天よ、どうして私の大切な君子（鎌足）を奪うのか。辛いことだ、悲しいことだ。私を置いて遠くに行ってしまった。不審なことだ、残念なことだ。私にそむいて永遠に離れて行ってしまった。何をもって離別の言葉とし、何をもって惜別の言葉としようか。偽りではなく、真実の言葉がこれである。

公（鎌足）とは日夜互いに手をとり合うような仲であり、常に近侍させ、あるいは使者に任じて、私の心は安心していられた。公の言うことなすこと、すべてに疑いがなかった。国家にかかわることは、小事も大事も常にともに決定した。その結果、天下は安寧で、民衆も愁いがなくなった。

以上を贈る言葉としたいが、言葉が貧しく拙《つたな》く、不足している。ああ、どうすればいいだろう。

〈三一六〉鎌足の死（2）——天智天皇の詔（2　国家の棟梁を失う）

公（鎌足）が自説を朝廷〔廟堂〕に進言すれば、おのずから民衆の利益となり、政治について朝廷〔帷幄〕で議論すれば、私と必ず意見が一致した。公との出会いは、まさに千載一遇というべきものであった。周《しゅう》の文王《ぶんおう》は太公望《たいこうぼう》〔尚父《しょうほ》〕を大臣に任じ、漢《かん》の高祖《こうそ》は張良《ちょうりょう》を得たが、どうして私と公の二人に比べられよう。朝から晩まで互いに手を取り合い、仲睦《むつ》まじくしていても飽きることはなかった。宮殿に出入りする時は同じ車に乗り、外出する際にも互いに礼節があった。大きな目的をまだ果たしていないのに、国家運営の舟と楫《かじ》である公は亡くなってしまった。国家の基礎作りを始めたばかりなのに、国家の棟《むね》と梁《はり》である公は亡くなってしまった。いったい誰とともに国を治め、誰とともに民を統治すればよいのだろう。このことを思い出すたびに、無念さはますます深まるばかりである。ただ、「悟りを開いた大聖人でさえも、死を免れることはできない」と聞いている。この言葉によって、痛切な哀《かな》しみを慰め、ほんの少し心の穏やかさを得ることができた。

（三七）鎌足の死（3）――天智天皇の詔（3　弥勒の浄土に到れ）

もし死者（鎌足）に霊魂があり、実際に先帝（舒明天皇）と皇后（宝皇女。後に即位して皇極天皇、重祚《ちょうそ》して斉明天皇となった）とにお目にかかることができたなら、

「我が先帝陛下（舒明天皇）が生前にいつも遊覧して楽しまれた琵琶湖と平良《ひら》〔平〕の浦の都（滋賀県大津市志賀町の比良山の麓一帯）は、なお昔日のままです。」

と申し上げよ。私はこの景物を目にするたびに、目をこらして遠望し、心を傷めないことはなかった。先帝・皇后の一挙手一投足も忘れることができず、片言も遺《のこ》さずに覚えている。天を仰いでは先帝・皇后の聖徳を望み、地に伏しては先

帝・皇后への慕情を深くしている。

それに加えて、出家して仏に帰依《きえ》するならば、必ず法具が必要であろう。そこで、純金の香炉を公（鎌足）に授けよう。この香炉を持って、そなたの願いどおり観音菩薩《かんのんぼさつ》の後に従って兜率陀天《とそつだてん》（弥勒菩薩《みろくぼさつ》のいるとされる欲界六天《よくかいろくてん》の第四天）に行き、日ごと夜ごとに弥勒菩薩の妙説を聞き、朝夕に真如《しんにょ》（変わることのない万物の真性）の説法を周囲に説きなさい。」

（三八）鎌足の死（4）――挙哀の礼

間もなく、議政官〔公卿大夫〕や官僚〔百官人〕たちは、みな喪《も》の儀礼が行なわれる斎場に赴き、挙哀《こあい》の礼を行なった。そこで、天智天皇は司南車《しなんしゃ》（方位を指し示す車）・方相《ほうそう》（葬送車を先導する人）・羽葆《うほう》（羽で作った儀式用の車の覆い）・鼓吹《こすい》（鼓と笛）を支給された。

葬送の日、葬列が宮門のもとを通るときに、天皇みずから白色の喪服を着て、歩み寄り見下ろされた。勅《みことのり》して葬送の車を停車させ、轜《きくるま》（棺を載せる車）に対面して号泣し、胸をつまらせられた。

古《いにしえ》より今に至るまで、帝王のかける恩が盛んなことと、宰輔《さいほ》（天子を補佐して政務を司る最高の官。宰相）の受ける寵愛が極まることが、この日以上のことはなかった。葬送に用いる品々は、その遺言により、つとめて簡素なものとし、鎌足のかねてからの希望に従った。

（三九）鎌足の死（5）——山階寺に火葬する

こうして、庚午《こうご》年（六七〇）の閏《うるう》九月六日に、山階寺《やましなでら》（山階之舎）で火葬に付した。天智天皇は王公・卿士たちに勅《みことのり》して、ことごとく葬儀の場に会衆させた。大錦下《だいきんげ》紀《きのう》大人臣《しのおみ》に葬送の辞を述べさせ、贈賻《ぞうふ》の礼（死者に銭帛などを贈る儀礼）を執行させた。

その時、空中に雲が現れた。形は紫色のきぬがさ（仏像や棺の上に吊り下げる天蓋）のようだった。また、管絃の音楽がその上から聞こえた。会衆した人々は、管絃の音楽を聞き、出現した雲を目の当たりにして、かつて経験したことがないほどに感嘆した。

（四〇）仏教尊崇

大臣（鎌足）は、生来、仏教を尊崇し、敬い尊んで周りに広めた。毎年十月に、維摩《ゆいま》経会《きょうえ》の席を荘厳に飾って設営し、維摩経の立派な教義を敬い、二つとない妙理を説いた。

また、私財を投じて元興寺《がんごうじ》（飛鳥寺）に施入し、五宗（法相宗《ほっそうしゅう》・三論宗《さんろんしゅう》・倶舎《ぐしゃ》宗《しゅう》・成実宗《じょうじつしゅう》・律宗《りつしゅう》）に学問料（奨学金）を設置した。これによって、賢僧は絶えることがなく、仏教は徐々に盛んになっていった。思うに、この効果であろう。

（四一）沙吒昭明の碑文

百済《くだら》の人、小紫沙吒昭明《しょうしさたくしょうみょう》は才知が抜群で、文章は当代随一であった。鎌足の優れた名声が後世に伝わらず、賢明な徳がむなしく忘れ去られてしまうことを嘆いて、碑文を作成した。現在、その銘文は別巻にある。

鎌足には二人の子、貞慧《じょうえ》と不比等《ふびと》〔史《ふびと》〕とがいた。不比等〔史〕については別に伝がある。

貞慧伝

（一）貞慧の人柄

貞慧《じょうえ》は、生まれつき聡明で、学問を好んだ。父の大臣（鎌足）は不思議に思い、「堅《かた》い鉄もきたえなければ、どうして古代中国の名匠干将《かんしょう》の作った名刀のような優れた人材となることができようか。また、強靭《きょうじん》な矢も羽と筈《はず》（弓の両端の弦をかける部分）を付けなければ、どうして会稽山《かいけいざん》の竹で作った矢のような優れた人物になることができようか」と考えた。

そこで、鎌足は親の子に対する温情を断ち切って、貞慧にさらに優れた学才を身に付けさせようとした。

（二）唐への留学

　そこで、白鳳《はくほう》五年（六五四。『日本書紀』は白雉四年（六五三）のことと伝える）甲寅《こういん》に、貞慧《じょうえ》は聘唐使《へいとうし》（遣唐使）に随行して長安に到り、懐徳坊《かいとくぼう》（長安における皇城の西第三街、北よりの第六坊）の慧日《えにち》道場に滞在することになった。神《じん》泰《たい》法師を師とするためである。唐の高宗《こうそう》の永徽《えいき》四年（六五三）のことで、その時十一歳であった。

　はじめて仏教〔聖道〕を研鑽することになったが、日夜怠ることなく、神泰法師について外国（唐）に学ぶこと十余年。すでに仏教の法典に精通し、仏教以外（主に儒教）の書もすべて理解した。漢詩文は称賛に値し、書は他人の手本となるほどであった。

（三）貞慧の死

白鳳十六年（六六五）歳次乙丑《いっちゅう》の秋九月に、帰国の途につき、百済《くだら》を経由して京師《みやこ》（近江大津宮遷都以前の飛鳥古京か）に到着した。

百済にあった時に、詩一韻を誦《よ》んだ。その詩句は、

帝郷千里隔（天皇のいます故郷は千里も遠くにあり、）

辺城四望秋（百済の都は見渡す限り秋である。）

というものであった。この句はあまりに優れていて、当時の才人たちも後句を続けることができなかった。

百済《くだら》の士人（学問を修めた人）が貞慧《じょうえ》の才能を妬み、ひそかに毒を飲ませたために、その年の十二月二十三日に、大原《おおはら》（奈良県高市郡明日香村小原《おおはら》）の自宅で亡くなった。享年二十三であった。僧侶も俗人も涙をぬぐい、朝廷の人も在野の人も心を傷めた。

（四）道賢の誄（1）――序（1　父鎌足の徳行）

高句麗《こうくり》の僧道賢《どうけん》が、誄《しのびごと》（業績を称えて死者を悼む弔辞）を作った。それは以下のとおりである。

そもそも、前もって運命や歴史の推移を調べれば、同様のことが前代の儒教の経典〔経書〕に書かれており、はっきりと古今の事例を手本として考えてみれば、国家不変の法則がある。君主の政治を補佐する人は、賢人を推挙することを本務とし、君主の徳治を補佐する人は、忠臣を推挙することを本務とする。そういうわけで、周公《しゅうこう》（周王朝の政治家）は子の伯禽《はくきん》をみずから三度笞《むち》で打って父子の道を教え、孔子《こうし》は子の鯉《り》に詩と礼の二つを学ぶことの大切さを教えた。どちらも最終的には国家を治め整えることにつながり、私事に属するわけでないことは明白である。

そこで、およそ英雄（聖人君子）たる人物は、世の中を生きて行くに際して、名を立て自《みず》らの就いた位を栄誉あるものにし、君主には良いことを薦めて、良くないことは止めさせるように補佐し、政務万端すべて適切に処理して、知っていながらやり残すことがあってはならない。ある場合には寛大な処置と厳格な処置とを併用して調和をとり、またある場合には華美な政治と質朴な政治とを時宜に応じて変化させる必要がある。

これは聖人の義務であり、このように行動できる人はただ君子だけである。こうした高い徳を治めた人（鎌足）は、高山のように仰がれるものである。上述の徳行のうち、一つに当てはまるだけでも、道理の上で十分にすばらしいといえよう。

（五）道賢の誄（2）――序（2　唐への留学と帰国）

そこで、鎌足公は貞慧《じょうえ》〔法師〕を唐に遣わして学問をさせることにした。後天的な教育によって良くも悪くもなるものであり、先天的な資質に差があるわけではないと説かれるように、貞慧はあらゆる分野の学問を研鑽《けんさん》し、あらゆる書籍を読んで、その内容を記憶した。不運と幸運とをよく見分け、進退についても思慮深く弁《わきま》えていた。師の神泰《じんたい》法師は、弟子の貞慧の目覚ましい学問的成長に何度も感動の涙を流し、貞慧が帰国して別れる日が来るのを恐れていた。

貞慧は、綴じ目が切れるほど書物を繰り返して読み、その学識は天地自然に関する理の体系を構築するほどに深められていった。こうした次第で、即席で詩文を作れるほどで、彼の作った策文（政治上の計画・意見を述べた文章）は人々の手本とされるほどであった。

しかし、突然に唐の高宗《こうそう》皇帝の命令を受けて使者が訪れ、貞慧の馬車を用意させた。また、郭武宗《かくむそう》・劉徳高《りゅうとくこう》らに詔《みことのり》して、朝夕に貞慧の世話をさせ、日本にお送りすることになった。

（六）道賢の誄（3）――序（3　帰国直後の急逝）

そこで、貞慧《じょうえ》は海路によって旧京（飛鳥古京か）に到着した。高宗皇帝〔聖上〕が命令を下されたお陰で、幸いにも帰宅することができた。しかし、数日も経たぬうちに、病に伏して危篤状態に陥った。ああ、どうすればよいのだろう。

白鳳十六年（六六五）歳次乙丑《いっちゅう》の十二月二十三日に、若くして大原（奈良県高市郡明日香村小原《おおはら》）の邸宅で亡くなった。ああ、哀しいことだ。

（七）道賢の誄（4）――父鎌足と貞慧

そこで、誄《しのびごと》を作る。その文章は次のとおりである。

ああ、天智天皇は立派な事業の基礎〔丕基《ひき》〕を築かれて天下をお治めになり、その徳は四周に満ち及んでいる。すばらしいことだ、鎌足公は仁を守って天皇の政治を補佐している。高い爵位の人（鎌足）の名声は四方に知れわたり、朝廷の政策を詮議して、天下に広めることにつとめている。

鎌足公という人物は、丘のようであり海のようであり、城のようであり城郭〔墎《かく》〕のような存在である。鎌足公は、魯《ろ》の隠《いん》公が漁を見物しようとしたのを無用な行動と諫《いさ》め、祭祀や装飾用でない鳥獣の肉は俎《そ》や器にのせないのが古代からの定法《じょうほう》であると説いて狩を諫めた臧僖伯《ぞうきはく》に匹敵する存在である。

「祖先の積んだ善行によって、その福が子孫に及ぶ」（積善余慶）という言葉のとおり、鎌足公の積んだ善行による福は、その子である貞慧《じょうえ》〔哲人〕に及んだ。貞慧は学業の道を唐に求めて儒学を修め〔練業泗浜（「泗浜《しひん》」は孔子が弟子たちを教育した泗水《しすい》（中華人民共和国山東省済寧市）のほとり）〕、師に対する礼を尽くして〔席間函丈（師に対する礼として一丈を隔てて座ることが本来の意味）〕、思索を深め精神を修養した。

楚《そ》の荆山《けいざん》から産出される宝玉の原石を楚の厲《れい》王に献上した弁氏《べんし》（卞和《べんか》）が、

ただの石ころと誤解されて両足を切断されたが、最終的にはその鑑識眼の正しいことが認められた故事のように、宝玉の原石であった貞慧のすぐれた才能は唐留学によって開花し、春秋戦国時代に、漢水に棲《す》む傷ついた竜を助けた随《ずい》公の恩に報いようとして竜が宝玉を随公に献上した故事のように、天下の至宝たる貞慧のすぐれた才能は、唐留学によって真価を発揮することとなった。唐の朝廷に賓客《ひんきやく》として迎えられ、日本の名を輝かせたのである。

そうした折、貞慧は唐の高宗皇帝の命を受けて送使がたてられ、日本に帰国することになった。貞慧の功績により日本と唐の親密な関係が新たなものになり、また、父鎌足公の徳行もいよいよ光り輝くものとなった。

朝廷には有能な人材が豊富で、京《みやこ》〔紫微〕は壮観であった。大学とその四方の門近くの学舎は壮大で、文筆・武道・弁舌〔三端〕に優れた人士たちの才能は、正しく冴《さ》えわたっていた。王室に関する事柄は万事堅固で厳密であるように努め、官人・臣下として求められる徳行を積むように努めた。

（八）道賢の誄（5）——貞慧の死を悼む

世の中は、芭蕉のようにはかなく、人生は城門を通り抜けるように一瞬である。鼠（日月昼夜を白黒二匹の鼠に喩《たと》えたもの）が藤の蔓《つる》を嚙むように、人間の命ははかなく短く、蛇篋《じゃきょう》（仏教で、地水火風の四元素からなる人間の身体を一つの篋《はこ》に四匹の蛇を収めたものに喩《たと》えたもの）のような存在である人間は、一定の状態でいることはできない。

枯れることのない蘭芝《らんし》もいつかは枯れ、同じく枯れることのない松竹もいつかは枯れるものである。不死鳥である鳳《おおとり》もいぐるみ（矢に糸をつけて発射し、獲物に当たると糸が絡んで捕獲する狩猟具）に遭遇して捕らえられて死に、同じく不死鳥である鸞《らん》も網にかかって捕えられて死ぬこともあるものである。ああ、哀しいことだ。

孔子の弟子の顔回《がんかい》は、不幸にして亡くなる時に「天が私を喪《ほろぼ》した」と言ったが、貞慧の死も同様に痛ましいことである。呉《ご》の延陵《えんりよう》は、子供の葬儀が礼に適《かな》っていることを孔子に称賛されたが、貞慧の葬儀もまた同様であった。

貞慧が筆で書いた書はなお残されているが、その身体と心はどこにあるのだろうか。残された物を見て故人（貞慧）を偲《しの》ぶけれども、整った言葉で十分に表現することは困難である。ああ、哀しいことだ。

百乗の車と夜光の玉に匹敵する貞慧はもはやこの世を去り、十五の城に匹敵する宝玉のような貞慧はもはやこの世を去った。ああ、哀しいことだ。

下巻

武智麻呂伝

（一）武智麻呂の誕生と幼年時代

家伝下　　僧延慶《えんぎよう》

藤原左大臣は、諱《いみな》（生前の実名）を武智麻呂《むちまろ》といい、左京の人である。太政大《だいじようだい》臣不比等《じんふびと》〔史〕の長子で、その母は宗我蔵大臣《そがのくらの》（蘇我連大臣）の娘である。天武天皇の即位九年（六八〇）歳次庚辰《こうしん》の四月十五日に、大原《おおはら》（奈良県高市郡明日香村小原《おおはら》）の邸宅で生まれた。繁栄の意を込めて、名前を武智麻呂とした。幼くして母を失い、激しく泣いて身体を壊し、おもゆも喉を通らず、あやうく死んでしまうところであった。それ以来、虚弱となり、原因を追究したが、病はますます重くなった。

（二）武智麻呂の人柄

成長すると、ささいな事にはかかわらない鷹揚《おうよう》な人物となった。姿はすらりとして、言葉づかいはゆったりとしていた。穏やかで素直な性質で、その心は正しく誠実であった。礼に合わないことは行なわず、義に合わないものは受け付けなかった。つねに、無欲であっさりしており、争いごとを遠ざけた。

ある時は囲碁をして一日を過ごし、ある時は書物を読んで徹夜した。財貨と女色を好まず、喜怒を表に出さなかった。忠と信を主とし、仁と義を行なうことを基本とした。自分をほめることなく、他人の悪口を言わなかった。清廉《せいれん》で、まっすぐな人柄であった。

百家《ひゃっか》の学説の趣旨を究め、『荘子《そうじ》』『老子《ろうし》』『易経《えききょう》（周易《しゅやく》）』〔三玄《さんげん》〕の趣旨をことごとく理解した。最も仏教を重んじ、それとともに神仙《しんせん》の術にも関心をもった。道義に篤《あつ》い人を尊び、徳のある人を敬った。貧しく私財のない者に恩恵を与え、父のない子や子のない老人〔孤独〕に憐れみを施した。

毎年の夏、四月・五月・六月の三月《みつき》に、十人の高徳の僧を招いて法華経《ほけきょう》の講説を聴き、それを心に染みこませた。

主君を諌《いさ》めるにあたっては、へつらうことなく諌言《かんげん》した。邸宅が平城宮の南にあることから、世に南卿《なんけい》と呼ばれた。

（三）　穂積親王の予言

昔、年少の頃、宴会で会った穂積親王《ほづみしんのう》が、まわりを顧みて多くのすぐれた人に向かって、

「藤原氏の子供たち（不比等の子の四兄弟）を見わたしたところ、この子（武智麻呂）は人と異なる特別な才能をもっている。「虎や豹《ひょう》の子は大人になる前から羊を食べる心を持っており、鴻《こうのとり》や鶴の雛《ひな》は翼《つばさ》が備わらないうちから世界〔四海《しかい》〕を飛ぶ心を持っている」と聞いている。この子は、必ずや大臣の位にのぼるであろう。」

と語られたことがあった。

（四）内舎人時代

大宝《たいほう》元年（七〇一年）に、良い家柄の子弟を選んで天皇の側に仕える内舎人《うどねり》（帯刀して天皇の身辺に仕え、警護や身の回りの世話をする役職）とし、大臣〔三公〕の子には別に詔《みことのり》して正六位上《しょうろくいのじょう》の位をたまわって、内舎人とされた。この時、武智麻呂は二十二歳であった。文武《もんむ》天皇《てんのう》は詔《みことのり》して、

「そなたの家は、皇室を大いにすくい、武勲《ぶくん》は策書《さくしょ》（天皇の命を伝える文書）に

載っている。今この爵位《しやくい》では、その栄誉に対して不足であろう。このたび、新たに律令（大宝律令）を制定して、国制を整えた。その条文があるために、当面この爵位を与えるのである。」

と述べられた。

大臣（不比等）の家令《かれい》（家政機関の長）小治田志毘《おわりだのしび》は非常にいきどおって、

「ああ。この藤原家の嫡子《ちやくし》が、どうしてこのように低い爵位《しやくい》なのか。」

と言った。心中大いに不満で、この処遇を恥じる気持ちが顔に表れていた。ある人がこのことを大臣に告げたところ、大臣は家令に命じて、

「今般、国家は新たに大宝律令（法令）を制定した。そこで、その制度によってこの爵位がこの子に授けられたのである。どうして恥じることがあろうか。しばらく、余計な発言は慎みなさい。」

と言った。

公（武智麻呂）は、内舎人として宮中に出入りすることになった。見る人は公の優れた考えを称《たた》え、交わる人は公の温雅な人柄を敬った。時の人は、

「人はみな大臣（不比等）の長子（武智麻呂）のようにあるべきだ。」と互いに語りあった。当時の人々によって称賛される様子は、このようであった。

（五）中判事時代

大宝二年（七〇二）正月に、中判事《ちゆうはんじ》（刑部省《ぎようぶしよう》の役人）に遷任した。公（武智麻呂）は職務を行なうに当たって、事情を聴取する際には公平で私情を交えることがなかった。発言をよく推察して理解し、様子をよく観察して、その事実の判定を誤ることはなかった。疑惑を解明して裁判を正しく行なうために、必ず慎重を期すように努めた。

刑部省には大判事・少判事がいたけれども、その役所には従うべき規則〔式〕がなく、文書や草案が錯乱して、善悪の判断が正しくないこともあった。そこで、公は裁判の判例を検討し、文武天皇に申し上げて条式（細則）を定めた。大宝元年（七〇一）以前を法の適用外とし、以後を法の適用内とすることとした。これ以降、訴訟する者は、条式によって各自が判断して、あえて法廷に訴えるまでもなくなった。

三年（七〇三）四月に、病気によって中判事を退いた。

（六）大学助時代（1）――大学助就任

大宝四年（七〇四）三月に、大学寮《だいがくりょう》の次官〔大学助《だいがくのすけ》〕に任じられた。

先に天武天皇〔浄御原天皇《きよみはらのすめらみこと》〕が亡くなってから、家々は多忙で、民衆も頻繁に労役に動員された。持統天皇が藤原京に遷都されたことも重なって、人々はみな慌《あわ》ただしく、学問に落ち着いて打ち込むような時代ではなかった。そのため、学校は衰退し、生徒は散り散りになってしまった。大学寮の役所はあっても、どうすることもできなかった。

公（武智麻呂）は学校の校舎に入り、その人気《ひとけ》がなく寂しい様子を見て、

「学校は賢い人材の集まる場所であって、天皇の統治の基本となるところである。

国を治め、家を整え管理するのは、すべて儒教に基づくものである。忠や孝を尽くすのも、儒教の教えによるものである。今、学者は散り散りになっていなくなり、儒教も廃れてしまっている。こうした状況は、天子が国家を治める道を盛んにし、天皇の統治を補佐する施政ではない。」

と考えた。

そこで、大学寮長官の良虞王《ろうぐおう》とともに文武天皇に陳情して、碩学《せきがく》（学者）を招き集め、儒教の経典や歴史を講義させた。十二日の間に大学は賑わいを取り戻し、あちこちの学者は、雲のように集まり星のように並んだ。経書・詩文や史書を読み習う声が盛んに響くようになった。

（七）大学助時代（2）――刀利康嗣の釈奠文

慶雲《けいうん》二年（七〇五）二月の釈奠《せきてん》（孔子を祭る儒教の儀礼）の日に、公（武智麻呂）は名望ある学者の刀利康嗣《とりのやすつぐ》に向かって、

「伝え聞くところでは、『三年の間、礼を行なわなければ、礼は必ず廃《すた》れ、三年の間、音楽を行なわなければ、音楽は必ず滅ぶ』という。今、釈奠の日が迫っている。釈奠の文章を作って、孔子〔先師〕の霊《みたま》を祭り、後世の人のための規範を示せ。」

と言った。

そこで、康嗣は釈奠の文章を作った。その詞章は、以下のとおりであった。

「某年《ぼうねん》月日の朔《ついたち》の丁《てい》の日に、大学寮某姓名《ぼうせいめい》らは、清浄な酒と食用の水草を用意して、いにしえの魯《ろ》の国（孔子の故国）の司寇《しこう》の官にあった孔宣父《こうせんぷ》（孔子）の霊《みたま》を敬《うやま》い祭《まつ》ります。

思うに、公（孔子）は尼山《じさん》（山東省曲阜《きょくふ》の山）が奇瑞を降して生誕されました。聖人（孔子）は千年に一人という霊妙なお姿で現れ、周《しゅう》王朝の衰亡の時代に遭遇されました。君主は愚かで、時世は混乱し、礼はすたれ、音楽は崩壊した状況でした。公は失望して魯《ろ》の国を去り、斉《せい》の国に行き、周王朝の衰亡を嘆かれました。陳《ちん》の国の軍勢に包囲され、衛《えい》の国の匡《きょう》（河南省の地名）の地で武装した匡の人々に囲まれ、蔡《さい》の国の下蔡《かさい》（安徽省の地名）でひどい目に遭われました。

公の弟子〔門徒〕は三千人で、教えに精通した者〔達者〕は七十人を数えました。洙水《しゅすい》・泗水《しすい》が流れる生地の曲阜《きょくふ》で忠孝の教えを説き、堯帝《ぎょうてい》〔唐《とう》〕や舜帝《しゅんてい》〔虞《ぐ》〕のような名君に徳義を探り求められたことで、『詩経《しきょう》』にある正楽の歌〔雅《が》〕と祖先を讃《たた》える歌〔頌《しょう》〕を広め、服装も礼儀にかなうようになりました。

何と言うべきでしょうか。崩れる山を繋《つな》ぎ止めることができないように、公（孔子）の死を止めることはできず、死者（孔子）を葬る挽歌《ばんか》〔梁歌《りょうか》〕を思いの外に早く歌うこととなりました。流れる水が止《とど》まることがないように、公の死を止めることはできず、堂上の柱の間で盛大に釈奠の儀礼を行なうこととなりました。ああ、哀しいことです。

今、文武天皇の治世は高大で、学校は充実しています。公の徳を誉《ほ》め讃え、聖人（孔子）の道を探求し、徳を仰ぎ慕い申し上げます。神《くす》しき孔子の霊《みたま》よ、どうぞ恵みを垂れて、これらの供え物をお受け下さるよう乞い願います。」

その年の十二月に、従五位下《じゅごいのげ》に叙せられた。時に二十六歳であった。

（八）大学頭時代

慶雲三年（七〇六）七月に、大学寮の長官〔大学頭〕に転じた。公（武智麻呂）は、しばしば大学の校舎に入り、儒教の学者たちを集めて、『詩経《しきよう》』『書経《しょきよう》』を読誦《どくしょう》〔吟詠〕し、『礼記《らいき》』『易経《えききょう》』をひもとき親しんだ。学校を引き立てて、学生を教育した。文学の学徒たちは、それぞれ学業に勤めた。

（九）図書頭時代

和銅《わどう》元年（七〇八）三月に、図書寮《ずしよりよう》の長官〔図書頭《ずしよのかみ》〕に遷り、侍従《じじゅう》を兼任した。公（武智麻呂）は、朝には内裏《だいり》で元明《げんめい》天皇に侍し、天皇のお言葉を受けられるよう控えた。その合間をぬって、図書・経籍《けいせき》〔儒教の経典〕を調査したところ、先の壬申の乱（六七二年）以来、国家の書物はあるいは巻物の軸が失われていたり、あるいは一組の一部〔部帙〕が欠けてなくなっていたりした。公は、元明天皇《げんみょう》に上奏して、民間を尋ね回り、書物の欠けていたところを写し取って完全にした。これにより、国家の書物が大体完備したのである。

公は、国家のためによく勤め、怠《おこた》り休むことがなかった。仁を身につけて人の上に立つのに十分であり、また正しく誠実で、中心的な役割を果たすのにふさわしかった。そこで、四月に従五位上《じゅごいのじょう》に叙せられた。

(一〇) 近江守時代 (1) ――近江守就任

和銅五年(七一二)六月に、近江守《おうみのかみ》に遷った。

近江国は天下に有名な地である。土地は広く人口は多く、国は富み家は豊かである。東は美濃国《みののくに》の不破郡《ふわぐん》(不破関《ふわのせき》の地)と交わり、北は越前国敦賀郡《えちぜんのくにつるがぐん》に接している。南は山背国《やましろのくに》に通じ、この平城京に至っている。

琵琶湖〔水海〕は清らかで広く、山の木々は高く繁っている。その土壌は黒土で肥えており、その田の等級は上の上である。日照りの災いがあっても、これまで収穫がないという恐れはなかった。それゆえに、かつて聖主《せいしゅ》（天智天皇）・賢臣《けんしん》（藤原鎌足《ふじわらのかまたり》）は、都（近江大津京《おうみおおつきょう》）をこの地に遷したのであった。村の子供や里の老人は、共に天子の徳によって天下が無事に治まっていることを称《たた》え、手をとりあって行き来し、都の大路で遊び歌った。時の人はみな「太平の代《よ》」と言った。

この地は、公私にわたって往来する道であり、日本の東西を結ぶ陸路の要所である。その政治が厳しければ悪い人々は逃げ隠れて、政治が緩慢であれば侮《あなど》って悪事を犯すものである。公（武智麻呂）は、徳をもって民を導き、礼をもって民を整えた。小さな過ちは許して教化を広め、寛容な政治を行なって民衆を受け容れた。村々に入って高齢者を訪ねて敬い、民衆の苦しむ所を取り除いて、国内の悪政を改めた。農業を勧めて、民を使役する際には農閑期を選んだ。課税する時には、先に富裕層や二十一歳以上の壮年男子の多い家に課し、その後で貧窮層やひとり身の者、弱者に及ぶようにした。老人を貴び子供を慈《いつく》しんで、それぞれ大

事にした。近江国の人々は喜んで、

「素晴らしい方がこの国に来られて、私たち民衆はよみがえることができた。」

と言った。人々から貴く仰がれた様子は、おおよそこのようであった。

(一一) 近江守時代(2)――仏教尊崇

和銅六年(七一三)正月に、従四位下《じゅしいのげ》に叙せられた。時に年三十四であった。
公(武智麻呂)は、年少の頃から仏教を尊重し、むさぼるように仏法を聴いた。
仏果《ぶっか》(仏道修行の結果、得られる悟り)を願い求め、食事を済ますわずかな間も
忘れることはなかった。公務がある時も、常に寺院〔精舎〕で仏を礼拝した。
ある時、とある寺に入ったところ、寺内は荒涼として、仏堂は崩れ落ち、僧房
や回廊は人気《ひとけ》がなく静寂に包まれていた。周辺を見回して土地の人に事情を尋ね
たところ、土地の人は答えて、
「寺を支える有力者の施主〔檀越《だんおつ》〕たちが寺家の財物・田畑を領有・管理して、

寺の僧尼には寺務を行なわせず、自由にさせません。そのために、このように損壊してしまったのです。こうした状況はこの寺に限ったことではなく、他の寺々も同じような状況です。」

と言った。

公は、「如来がこの世に出現して、この世に存在する一切の事物について説き、衆生《しゅじょう》を教え導いて、善業《ぜんごう》を行なうようにさせた。その教えは深妙であり、インド〔天竺《てんじく》国〕から中国〔震檀《しんたん》〕に広まり、さらにこの日本にまで伝わってきた。仏門に入ることができた人は世俗を離脱し、仏教の信仰を失った人は生死の間を輪《りん》廻《ね》してきた。どうして俗人〔白衣〕の施主〔檀越〕が僧侶の物を管理するのか。僧侶に供《そな》えずに、寺院〔精舎〕を破損させてしまうことは、国家が仏教を重んじ、福徳を生み功徳《くどく》を受けようとする方針にそむくことである。衆生を害する悪業である。」と思った。

（一二）近江守時代（3）――寺院再興の上奏

そこで、元正天皇《げんしょう》に上奏《じょうそう》して、

「臣は、幸いに陛下の大きな恩恵をこうむり、一国（近江国）の行政を担当しております。公務によって国内の民間を巡り、その余暇には寺院で仏を拝んでまいりました。近江国内の民衆は仏の因果を知らず、寺院の施主〔檀越《だんおつ》〕の子孫は罪業をはばからずに、僧の物を管理して、もっぱら自分の妻子を養っています。

僧尼は、僧尼の名籍に名をいたずらに載せて、寺院を離れて村里で生活しているありさまです。かなり以前から寺院の建物が壊れても修理しておりません。ただ牛馬が寺院を踏み荒らすのに任せるままの状態です。

これは、国家が僧尼を得度して、仏教を興隆させようとする方針にそむくことであります。もしこのようなことを糺《ただ》さなければ、恐らく仏法は滅んでしまうことでしょう。伏して、賢明な裁定をお願いいたします。」

と申し上げた。

（一三）近江守時代（4）——寺院併合策

元正天皇は勅《みことのり》して、次のように述べられた。

「経典をあがめ飾るには、謹んで敬うことが大事で、寺院を修造するには、清浄を保つことが第一である。今、次のような報告を受けている。

「諸国の寺院は多く法令を守らず、ある場合は、簡素な仏堂を創始しただけで、争って寺院としての公認を求めたり、美しくおごそかに飾るための旗〔幡幢〕をわずかに設けただけで、すぐに寺領として田園の公認を求めたりしている。また、ある場合は、房舎を修理せず、牛馬が踏み荒らす状態になり、境内《けいだい》は荒れて茨《いばら》が生い茂るのに任せて、遂にはこの上なく尊い仏像を永い間塵《ちり》や埃《ほこり》だらけにして、奥深い経典を風雨にさらしてしまっている。多くの年月がたっても決して修理しようとはしない。」

こうした事例について論ずるに、仏教を崇敬することにはなはだしく違反している。諸国はいくつかの寺を併合して、一つの寺院とせよ。力を合わせてともに造り、廃れてしまった仏法を再興することを願うものである。

国師《こくし》（国内の仏教を統括する僧官）や衆僧《しゅうそう》（もろもろの僧侶たち）と各寺の施主〔檀越〕らは、国内の寺院の施設と財物とをことごとく修理して、その報告書を使に託して奏上し、その後の指示を待て。」

これ以後、土地の人は罪を恐れて、あえて寺院の物を違法に占有することはなくなった。孔子が、

「君子の徳は風のようである。」

と言ったのは、このようなことを言うのであろう。

（一四）近江守時代（5）――伊吹山に登る

近江守の藤原武智麻呂は、国内巡行（国司の部内巡行）のために坂田《さかた》郡に至り、

山川を目にして、

「私は伊吹山《いぶきやま》〔伊福山〕の山頂に上って国内を眺望したい」

と言った。土地の人は、

「この山に入ると、疾風が吹き、雷が鳴り、雨が降り、雲霧が暗くたちこめて、さらに蜂の群れが飛んできて刺します。昔、日本武尊《やまとたけるのみこと》〔倭武皇子《やまとたけるのみこ》〕が、東国の荒ぶる土地の神を従わせて、この地まで帰り到られ、その足ですぐにこの伊吹山に登られました。半ばまで登ったところで、神によって殺され、白鳥となって空を飛んで行ってしまわれました。」

と申し上げた。公（武智麻呂）は、

「私は、若い時から今に至るまで、鬼神（在地の神）を軽んじることはなかった。鬼神がもしそれを知っていたら、どうして私を殺すようなことがあろうか。もしそれを知らないような神ならば、どうしてその程度の神に人を殺すことができようか。」

と言った。即座に身を清め潔斎《けっさい》して、五、六人の従者を率いて、薄明かりの中を登って行った。

山頂に着こうかという時に、急に二匹の蜂が飛んできて刺そうとした。公が袖《そで》の袂《たもと》を上げて掃いのけると、その手に従って退散していった。従者たちは、みな、

「武智麻呂公の道義にかなった普段の行ないが神を感動させて、少しも傷つけられることはなかった。」

と言いあった。

一日中、伊吹山でゆっくり過ごし、散策して眺望するうちに、風雨ともに静まり、天候は清々《すがすが》しく晴れた。これは公の徳の勢いがそうさせたのであった。

（一五）近江守時代（6）——神剣献呈

後に、公務の合間をぬって、滋賀山寺《しがさんじ》（天智天皇が創建した崇福寺《すうふくじ》。滋賀県大津市にある）に参詣し、仏像を拝んで発願し、身心を刻んで罪を悔い改めた。身を清め潔斎して神聖な剣（身を護る刀剣）を造らせ、使者に託して元正天皇に進

上した。天皇〔帝〕は大いに喜び、勅《みことのり》して、次のように述べられた。「剣は君子の武備であり、その身を衛《まも》るためのものである。」と聞いている。私はこの頃、立ち居ふるまいがおぼつかなく、心を失ったような状態でもある。この神聖な剣を得て、夜は非常に穏やかに眠れるようになった。これは、まさに近江守の武智麻呂が献上してくれた神聖な剣が身を衛ってくれた験《しるし》である。

先哲の言葉に、「徳ある行ないには必ず報いがあり、言葉には必ず応《こた》えがある。」という。そこで、田十町を武智麻呂に授け、主君に尽くしてくれたその真心に報いることとしよう。」

（一六）近江守時代（7）――公平な政治

公（武智麻呂）は政治を公平に行い、その良い評判は日に日に高まった。そこで和銅八年（七一五）正月に、従《じゅ》四位《しい》上《のじょう》に叙せられた。

近江国は国中安泰で、役人は特になすべき事もなく、民衆は大いにのどかであった。公は徳によって何もせずに国内が治まるという統治法を大切にして、その成果としてもたらされた静謐《せいひつ》を味わった。ゆったりと満足した気持ちで、俗世間の外の事に心を遊ばせた。ついには比叡山《ひえいざん》に登り、長く滞在して日々をのんびりと過ごした。その時、一株の柳の樹を植え、従者に向かって、

「ああ諸君、後世の人に私がゆっくりと静養した場所を知らせよう。」

と言った。

（一七）近江守時代（8）――越前国神宮寺の創建

この年（和銅八年）、平城京の左京の人が祥瑞《しょうずい》の亀を得た。そこで、和銅八年を改めて霊亀《れいき》元年（七一五）とした。

公（武智麻呂）は、かつて夢の中で、一人の不思議な人と遇《あ》った。容貌は普通でなかった。公に向かって、

「公が仏法を愛慕していることは、人も神もともに知っている。私のために寺を

造って、私の願いを助け救済してくれるようお願いする。私は、宿業《しゅくごう》（前世において、現世での報いを招くことになった行ない）によって神となってから、実に久しい時が過ぎている。今、仏道に帰依《きえ》して、福業《ふくごう》（来世における幸福をもたらす善行）を修行したいと思ってきたが、これまで因縁《いんねん》を得ることができなかった。そこで、ここにやって来て公に告げたのである。」

と言われた。公は、これは気比神《けいのかみ》ではないかと疑い、答えようとしたけれども、できずに目が覚めた。そこで頭《こうべ》を垂れて請い願って、

「人と神とは世界が異なり、目に見えない世界と見える世界とは同じではありません。昨夜の夢の中の不思議な方は、いったいどなたなのか分かりません。神が、もし何か証拠を示されたなら、必ずあなたのために寺を建てましょう。」

と申し上げた。すると、神は、在家仏教修行者〔優婆塞《うばそく》〕の久米勝足《くめのかつたり》を高い木の上に置いて、その証拠と言われた。公は本当のことだと知って、一つの寺院を建立した。今、越前国にある神宮寺《じんぐうじ》（気比神宮寺。福井県敦賀市にある）が、それである。

（一八）式部大輔・式部卿時代

霊亀二年（七一六）十月に、式部大輔《しきぶだいふ》となった。

養老《ようろう》二年（七一八）九月に、昇格して式部卿《しきぶきょう》となった。

式部省は天下の考課《こうか》（毎年の勤務評定）と選叙《せんじょ》（一定年限ごとに位階を昇叙する評定）とを集約する役所であり、議政官〔群公〕やすべての官僚〔百僚〕たちの模範とする所である。公（武智麻呂）は努めて公正を貫いて選叙の事を総括し、功績と能力をよく考えて、評定を下げるべき殿《でん》と、評定を上げるべき最《さい》を詳しく確認した上で、その評価に応じて官を降したり進めたりした。これによって、地方の国司・郡司の考課に関する文書についての混乱は、その後長くなくなることとなった。

（一九）東宮傅時代

養老三年（七一九）正月に、正四位下《しょうしいのげ》に叙せられた。

この時、皇太子の首《おびとの》皇子（後の聖武天皇）が元服の儀礼（成人式儀礼）をされて、意気盛んな年頃となられた。皇太子を指導する役職である師傅《しふ》の重要な役割は、皇太子を善に導くことにある。そこで、その七月に皇太子の指導役である東宮傅《とうぐうふ》に任命された。

公（武智麻呂）は春宮《とうぐう》（東宮）に出入りして皇太子〔副君〕を補佐し、文学（漢詩・漢文）を学ぶように勧め、思いやりのある風俗習慣〔淳風〕を行動の規範とするように導いた。皇太子は、そこで狩猟の遊びをやめて、学問や儒教教育を通じて導かれた善良な人格を形成された。これによって、即位された後も常に善政を行なわれ、民衆を恵み憐れんで、仏教を尊重されたのである。

（二〇）中納言・造宮卿・播磨守時代

養老五年（七二一）正月に従三位《じゆさんみ》にのぼり、中納言となった。

その九月には、造宮卿《ぞうぐうきょう》を兼務した。この時、四十二歳であった。

公（武智麻呂）は工匠《こうしょう》（大工や工芸職人）らを率いて平城宮内を調べ歩き、壊れた建物があれば元どおりに復原していった。これによって、宮殿は立派で美しいものとなった。人々は、壮麗な宮殿によって天皇〔帝〕の尊厳を知ることとなった。

神亀《じんき》元年（七二四）二月に、正三位となった。知造宮事《ちぞうぐうじ》の職はこれまでどおりであった。同五年（七二八）七月に、播磨守《はりまのかみ》に遷り、按察使《あぜち》を兼務した。

（二一）大納言時代（1）――大納言就任

神亀六年（七二九）に、大納言に遷った。

公（武智麻呂）は性格が温雅で、多方面の知識を身につけていた。すでに大納言〔喉舌〕となり、聖武天皇の治政を補佐して盛んにする立場にあった。天皇が行幸《ぎょうこう》される時にはお供として仕え、天皇が宮内にいらっしゃる時には政治の枢要《すうよう》を司《つかさど》った。政務の会議に際しては、公平を旨として融和を図った。そのため、上級貴族も下級役人も無事平穏で、国内に怨みやそしりはなかった。

（一二）大納言時代（2）——時代を支えた人々

この時代に、舎人親王《とねりしんのう》は知太政官事《ちだいじょうかんじ》、新田部親王《にいたべしんのう》は知惣管事《ちそうかんじ》で、藤原不比等《ふじわらのふひと》の第二子となる弟の北卿《ほくきょう》（藤原房前《ふささき》。北家の祖）は知機要事《ちきようじ》であった。

その頃、参議や高級官僚としては、中納言《ちゅうなごん》の丹比県守《たじひのあがたもり》、不比等の第三子で弟の式部卿宇合《しきぶきょううまかい》（式家の祖）、同じく第四子で弟の兵部卿麻呂《ひょうぶきょうまろ》（京家の祖）、大蔵卿《おおくらきょう》の鈴鹿《すずか》王や左大弁《さだいべん》の葛木《かずらき》王たちがいた。

風流《ふうりゅう》の侍従《じじゅう》（教養があり、文学・芸術に秀でた侍従）には、六人部《むひとべ》王・長田《ながた》王・門部《かどべ》王・狭井《さい》王・桜井《さくらい》王・石川朝臣君子《いしかわのあそんきみこ》・阿倍朝臣安麻呂《あべのあそんやすまろ》・置始工《おきそめのたくみ》たち十余人がいた。

宿儒《しゅくじゅ》（高名な儒学者）には、守部連大隅《もりべのむらじおおすみ》・越智直広江《おちのあたいひろえ》・肖奈行文《しょうなのこうぶん》・箭集宿禰虫麻呂《やつめのすくねむしまろ》・塩屋連吉麻呂《しおやのむらじえまろ》・楢原造東人《ならはらのみやつこあずまひと》たちがいた。

文雅《ぶんが》（漢詩・漢文）には、紀朝臣清人《きのあそんきよひと》・山田史御方《やまだのふびとみかた》・葛井連広成《ふじいのむらじひろなり》・高丘連河内《たかおかのむらじこうち》・百済公倭麻呂《くだらのきみやまとまろ》・大倭忌寸小東人《やまとのいみきこあずまひと》たちがいた。

方士《ほうし》（調剤・医術）には、吉田連宜《きったのむらじよろし》・御立連呉明《みたちのむらじごみょう》・城上連真立《きのえのむらじまたて》・張福子《ちょうふくし》たちがいた。

陰陽《おんみょう》（陰陽道）には、津守連通《つもりのむらじとおる》・余真人《よのまひと》・王仲文《おうちゅうぶん》・大津連首《おおつのむらじおびと》・谷那康受《こくなこうじゅ》たちがいた。

暦《れき》・算《さん》（暦法・算術）には、山口忌寸田主《やまくちのいみきたぬし》・志紀連大道《しきのむらじおおじ》・私部石村《きさきべのいわむら》・志斐連三田次《しびのむらじみたすき》たちがいた。

呪禁《じゅごん》（仏教の呪を唱えて病災を払う術）には、余仁軍《よのにんぐん》・韓国連広足《からくにのむらじひろたり》たちがいた。

僧綱《そうごう》（僧尼を統括する機関）には、少僧都神叡《しょうそうずじんえい》や律師道慈《りっしどうじ》がいた。これらの人々がみな聖武天皇の命令に従って、ともに時の政治を補佐した。

（二三）大納言時代（3）――文雅の会

これによって、国は繁栄し、倉庫があちらこちらに立ち並ぶこととなった。天下は太平で、ちまたには高級官僚の着る朱や紫の服が照り輝き、馬や乗り物の往来で街はにぎわった。罪を犯す者がいないために牢獄《ろうごく》は静かで、改心させる目的で犯罪者を立たせる嘉石《かせき》には苔《こけ》が生えてしまった。そこで、都と各地の駅家《うまや》を立派に整備し、人々には瓦葺《かわらぶき》の屋根にすることや、赤土・白土を塗って建物の外装を飾ることを許した。

毎年九月〔季秋〕には、文人・才子（才能ある人士）たちとともに習宜《すげ》（平城宮の西部の地名）の別宅に集まって、文学の集会を開いた。当時の学者たちは競って、この集会に参加したいと願った。竜門《りゅうもん》の滝に集まった鯉《こい》が、登れば竜となり、登れなければ額《ひたい》をうって引き返した故事によって、この会の名を「竜門点《てん》額《がく》」といった。

（二四）大納言時代（4）・右大臣時代（1）

天平《てんぴょう》三年（七三一）九月に、筑紫《つくし》の大宰帥《だざいのそち》を兼任した。

筑紫は国家にとって要衝の地であり、海に面して外敵を防ぐ役所、大宰府がある所である。公（武智麻呂）は国の基本方針を策定し、寛大な政治を執り行なった。自身は筑紫に赴任せず、宮城〔帝闕〕にいたが、実際に現地に赴任したのと同じように大宰府での人望は厚かった。

聖武天皇〔帝〕は年齢も重ねられ、政治を視ることに怠りなかった。心に仁愛をもち、善政に務めるように志された。その頃、大臣〔台鼎〕の位は空席であった。公の治績が実に万端怠りがなく、心根が良く謙虚にして貞節であったことから、従二位に叙し、昇格させて右大臣に任じられた。この年は天平六年（七三四）で、武智麻呂、五十五歳の時であった。

（二五）右大臣時代（2）――国家安泰

公（武智麻呂）は式部省の長という職責にあって、一日中努力を惜しまず、国家を安定させ、国民を救済した。地位・身分は高かったが、節操を重んじ、ますます謙虚であった。

家の財産を割いて、貧者と孤児を引き取って養育し、糸や綿などを常に仏教のための布施として配った。

しばしば朝廷の政治を反省して、つねに不足しているところがないように配慮した。国家の事は知っていながら対応しないことはなく、恩恵を施す法令は聞いて実行しないことはなかった。これによって、天による災いはますます消滅し、鬼神も怒って祟《たた》りをなすことがなかった。民衆はどの家も豊かで生活に困らず、朝廷は何もせずして天下が治まった。

（二六）武智麻呂の死

天平九年（七三七）七月に至って、病がいよいよ重くなり、朝廷は残念に思った。

同月二十四日には、光明皇后（武智麻呂の妹）が自ら出向かれて、勅命を下されて病状を問われ、正一位に叙され、昇格して左大臣に任じられた。

その翌日（二十五日）に、左京の邸宅でなくなった。享年五十八であった。

聖武天皇〔帝〕は、公（武智麻呂）がなくなったことを聞き、長い間嘆かれた。三日の間、政務を執らず、喪《も》に服され、羽葆《うほう》（羽で作った儀式用の車の覆い）と鼓吹《こすい》（鼓と笛）を支給された。

八月五日に、佐保《さほ》山で火葬に付した。礼にかなった葬儀であった。

（二七）積善の余慶

公（武智麻呂）には正妻である夫人がいた。阿倍大臣（阿倍朝臣御主人か）の外孫であった。子供は二人いて、長子が豊成《とよなり》で、その弟が仲麻呂《なかまろ》〔仲満《なかまろ》〕である。子供たちを博士の門下で学ばせ、折々に絹帛《けんぱく》（絹布）を贈って、師の労に報いた。これによって、兄弟は二人とも学才に富み、世間の評判となった。豊成は左大臣にまで昇りつめ、正二位に叙せられた。後に橘《たちばなの》奈良《なら》麻呂《まろ》の変について知っていながら奏上しなかったことから、大宰員外帥《だざいいんげのそち》に左遷された。仲満は、名を押勝《おしかつ》と改めた。太政大臣《だいじょうだいじん》〔大師《たいし》〕としてお仕えし、従一位に叙せられた。天皇の補佐となって国政を執り行なった。

賛（人物をほめたたえる漢文体の文章）に次のようにいう。

「善行を積み重ねたのちには、その報いとして子孫に多くの幸せが訪れる。一族からは高位高官〔冠蓋〕につく者が相次ぎ、天皇を補佐してきたが、子孫に至るまで、代々天皇の補佐役となるであろう。

武智麻呂公は、天子の徳政によって、身分の高い人も民衆もみな安泰で、鬼神も和《なご》み祟《たた》りをなすこともなく、天下太平であるように国家のために尽力したのである。その忠義と貞節に対する評判はきわめて高く、その人徳は完全無欠な玉のようである。」

『藤氏家伝』本文

上巻

鎌足伝

(一)　家伝巻上　大師

内大臣、諱鎌足。字仲郎。大倭国高市郡人也。其先出自天児屋根命。世掌天地之祭、相和人神之間。仍命其氏曰大中臣。美気祜卿之長子也。母曰大伴夫人。大臣以豊御炊天皇卅四年歳次甲戌、生於藤原之第。初大臣在孕而哭声聞於外。十有二月乃誕。外祖母語夫人曰、「汝児懐妊之月、与常人異。非凡之子。必有神功」。夫人心異之。将誕無苦、不覚安生。

(二)　大臣性仁孝。聡明叡哲、玄鑑深遠。幼年好学、博渉書伝。毎読太公六韜、未嘗不反覆誦之。為人偉雅。風姿特秀。前看若偃。後見如伏。或語云、「雄壮丈夫二人、恒従公行也」。大臣聞此辞、而窃自負之。識者属心、名誉日弘。

(三)寵幸近臣宗我鞍作、威福自己、権勢傾朝。咄咤指麾、無不靡者。但見大臣、自粛如也。心常怪之。嘗群公子、咸集于旻法師之堂、読周易焉。大臣後至、鞍作起立、抗礼倶坐。講訖将散、旻法師撃目留矣。因語大臣云、「入吾堂者、無如宗我太郎。但公神識奇相、実勝此人。願深自愛」。

(四)及岡本天皇御宇之初、以良家子、簡授錦冠、令嗣宗業。固辞不受、帰去三島之別業、養素丘園。高尚其事。俄而岡本天皇崩、皇后即位。王室衰微、政不自君。大臣窃慷慨之。

(五)于時軽皇子、患脚不朝。大臣曾善於軽皇子。宿故詣彼宮而侍宿。相与言談、終夜忘疲。軽皇子、即知、雄略宏遠、智計過人。計特重礼遇、令得其交。専使寵妃朝夕侍養。居処飲食、甚異常人。大臣既感恩待。潜告所親舎人曰、「殊蒙厚恩、良過所望。豈無令汝君為帝皇耶」。君子不食言、遂見其行。舎人伝語於軽皇子、皇子大悦。然皇子器量、不足与謀大事。

(六)更欲択君。歴見王宗、唯中大兄、雄略英徹、可与撥乱。而無由参謁。儻遇于蹴鞠之庭、中大兄皮鞋随毬放落。大臣取捧、中大兄敬受之。自茲相善、俱為魚水。

(七)後岡本天皇二年歳次癸卯冬十月、宗我入鹿与諸王子共謀、欲害上宮太子之男山背大兄等曰、「山背大兄吾家所生。明徳惟馨、聖化猶余。岡本天皇嗣位之時、諸臣云々。舅甥有隙。亦依誅坂合部臣摩埋勢、怨望已深。方今天子崩殂、皇后臨朝。心必不安。焉無乱乎。不忍外甥之親、以成国家之計」。諸王然諾。但恐不従害及於身。所以共許也。以某月日、遂誅山背大兄於斑鳩之寺。識者傷之。父豊浦大臣慍曰、「鞍作、如尓癡人、何処有哉。吾宗将滅」。憂不自勝。鞍作以為、已除骨鯁、方無後悔。安漢詭譎、徐顕於朝。董卓暴慢、既行於国。

(八)於是、中大兄謂大臣曰、「王政出自大夫。周鼎将移季氏。公如之何。願陳奇策」。大臣具述撥乱反正之謀。中大兄悦曰、「誠吾之子房也」。大臣、欲求勢門之佐、陰探鞍作之隙。乃知山田臣与鞍作相忌。白中大兄曰、「察山田臣之為人、剛毅果敢、威望亦高。若得其意、事必須成。請、先作婚姻之昵。然後布心腹之策」。中大兄従之。遂聘女于山田臣之家。山田臣許之。

(九)及于三春忽至、百両新迎、其弟武蔵、挑女将去。山田臣憂惶、不知所為。少女在傍、見父愁色。問曰、「何悔之甚」。父陳其由。少女曰、「妾雖無西施之貌、当有嫫姆之情。願以妾納之」。其父大悦。終進少女。中大兄怒武蔵之無礼、将行刑戮。大臣諫曰、「既定天下之大事。何忿家中之小過」。中大兄、即止矣。

(一〇)然後大臣、徐説山田臣曰、「太郎暴逆、人神咸怨。若同悪相済者、必有夷宗之禍。公慎察之」。山田臣曰、「吾亦思之。敬従命焉」。遂共定策。即欲挙兵。中大兄曰、「欲以情告、恐計不成。不告将黙、又慮驚帝。臣子之理、何合於義。群公等、為吾陳説」。大臣対曰、「臣子之行、惟忠与孝。忠孝之道、全国興宗。縦使皇綱紊絶、洪基頽壊、不孝不忠、莫過於此」。中大兄曰、「吾成敗在汝。汝宜努力」。大臣、於是、薦佐伯連古麻呂・稚犬養連綱田曰、「武勇強断、膂力扛鼎。須予大事、但二人耳」。中大兄従之。

(一一)後岡本天皇四年歳次乙巳夏六月、中大兄詐唱三韓上表。時人以為、信然。於是、謂山田臣曰、「三韓表文、使公読白。乗其之怠、擬殺入鹿」。山田臣許之。策既定矣。

(一二)戊申、帝臨軒、古人大兄侍焉。使舎人急喚入鹿。入鹿起立著履、履三廻不著。

入鹿心忌之、将還彷徨、舎人頻喚。不得已而馳参。大臣嘗知入鹿多疑、昼夜持剣。預教俳優方便令解。入鹿咲而解剣、参入侍座。

（一三）山田臣進読三韓表文。於是、中大兄命衛門府、一時倶閉十二通門。時中大兄、自執長槍、隠於殿側。大臣持弓矢、為翼衛。賜箱中両剣於佐伯連古麻呂・稚犬養連網田曰、「努力努力、一箇打殺」。以水送飯、咽而反吐。大臣、嘖使勤励。

（一四）山田臣、恐表文将尽、古麻呂等猶未来、而流汗浹身、乱声動手。鞍作怪問曰、「何故慄戦」。山田臣曰、「近侍御前、不覚流汗」。中大兄、見古麻呂等畏入鹿威、便旋不進、咄嗟之。即与古麻呂、出其不意、以剣打傷入鹿頭肩。

（一五）入鹿驚起。古麻呂、運手揮剣、斬其一脚。入鹿起就御座、叩頭曰、「臣不知罪、乞垂審察」。天皇大驚、詔中大兄曰、「不知所作、有何事耶」。中大兄伏地奏曰、「鞍作尽滅王宗、将傾天位。豈以帝子、代鞍作乎」。天皇起入於殿中。古麻呂等、遂誅鞍作焉。是日雨下、潦水溢庭。以席障子、掩鞍作屍也。

（一六）時論以為、応天誅逆。而豊浦大臣猶在、狡賊未平。即入法興寺為城、以備非常。公卿大夫、悉皆随焉。使人賜鞍作屍於豊浦大臣。

（一七）於是、漢直等、総聚族党。擐甲持兵、将助大臣、分設軍陳。中大兄、使巨勢臣徳陀告曰、「吾家国之事、不依汝等。何為違天抗捍、自取族滅哉」。賊党高向臣国押、謂漢直等曰、「吾君太郎、已被誅戮。大臣徒然待其誅決耳。為誰空戦、尽被刑乎」。言畢奔走。賊徒亦散。

（一八）己酉、豊浦大臣蝦夷、自尽于其第。氛沴滌除、豺狼竄伏。人々喜躍、皆称万歳。中大兄歎曰、「絶綱更振、頽運復興者、実公之力也」。大臣曰、「是依聖徳。非臣之功」。衆咸服、不其自伐焉」。

（一九）庚戌、天豊財重日足姫天皇、欲伝位於中大兄。中大兄諮於大臣。対曰、「古人大兄、殿下之兄也。軽万徳王、殿下之舅也。方今越古人大兄而、殿下陟天皇位、便違人弟恭遜之心。且立舅以答民望、不亦可乎」。中大兄従之、密以白帝。

（二〇）帝以策書禅位于軽皇子。是為天万豊日天皇。実大臣之本意也。識者云、「君子不食言。見于今日矣」。奉号於天豊財重日天皇、曰皇祖母尊。以中大兄、為皇太子。改元為大化。

（二一）詔曰、「社稷獲安、寔頼公力。車書同軌、抑又此挙。仍拝大錦冠、授内臣、封二千戸。軍国機要、任公処分」。大臣訪求林藪、捜揚仄陋。人得其官、野無遺材。所以九官克序、五品咸諧。

(一二二) 白鳳五年秋八月、詔曰、「尚道任賢、先王彝則。褒功報徳、聖人格言。其大錦冠内臣中臣連、功侔建内宿禰。位未允民之望。超拝紫冠、増封八千戸」。

(一二三) 俄而天万豊日天皇、已厭万機、登遐白雲。皇祖母尊、俯従物願、再応宝暦。悉以庶務、委皇太子。皇太子毎事諮決、然後施行。於是、杭海梯山、朝貢不絶。撃壌鼓腹、郷里稍多。非君聖臣賢、而何致茲美。故遷大紫冠、進爵為公、増封五千戸。前後并凡一万五千戸。

(一二四) 十二年冬十月、天皇幸于難波宮。即随福信所乞之意、思幸筑紫。将遣救軍、初備軍器。十三年春正月、御船西征、始就海路。三月、御船泊于娜大津。居于磐瀬行宮。天皇改此名曰長津。夏五月、遷居于朝倉橘広庭宮、以聴海表之政。

(一二五) 至秋七月、天皇御体不悆。於是、大臣中心危懼、祈禱神祇。亦依三宝、敦求眉寿。璧像中臂而摩頂。観音寄夢以現空。聖応有所、煥然明矣。故僧道顕云、「昔者侍衛之士、轂鳴而請死。節義之子、穿地而自殉。雲鳥掩日、令尹以身禱之。

河神為祟、大夫以牲求焉。雖復美名勿朽。忠貞弥芳。而与今行懸殊。豈可同日而語哉」。

（二六）既而命遂有限。天皇崩于朝倉行宮。皇太子、素服称制。是月、蘇将軍、与突厥王子契苾加力等、水陸二路、至于高麗城下。皇太子、遷居于長津宮、猶聴水表之軍政。

（二七）時謂侍臣曰、「伝聞、大唐有魏徴、高麗有蓋金、百済有善仲、新羅有庾淳。各守一方、名振万里。此皆当土俊傑、智略過人。以此数子、比朕内臣、当出跨下。何得抗衡」。冬十一月、天皇喪至自朝倉宮、殯于飛鳥川原。

（二八）十四年、皇太子摂政。契闊早年、情好惟篤。義雖君臣、礼但師友。出則同車並騎、入則接茵促膝。政尚簡寛、化存仁恵。遂使徳被寰中、盛懐海外。是以、三韓服事、万姓安寧。

（二九）故高麗王、贈内公書云、「惟大臣、仁風遠扇、盛徳遐覃。宣王化於千年、揚芳風於万里。為国棟梁、作民船橋。一国之所瞻仰、百姓之所企望。遥聞喜抃、馳慶良深」。

（三〇）摂政六年春三月、遷都于近江国。七年正月、即天皇位。是為天命開別天皇。朝廷無事、遊覧是好。人無菜色、家有余蓄。民咸称太平之代。

（三一）帝召群臣、置酒浜楼、酒酣極歓。於是、大皇弟以長槍、刺貫敷板。帝驚大怒、以将執害。大臣固諫、帝即止之。大皇弟初忌大臣所遇之高。自茲以後、殊親重之。後値壬申之乱、従芳野向東土、歎曰、「若使大臣生存、吾豈至於此困哉」。人之所思、略此類也。

（三二）七年秋九月、新羅進調。大臣、即付使金東厳、賜新羅上卿庾信船一隻。或人諫之。大臣対曰、「普天之下、莫非王土、率土之浜、莫非王臣也」。先此、帝令大臣撰述礼儀、刊定律令。通天人之性、作朝廷之訓。大臣与時賢人、損益旧章、略為条例。一崇敬愛之道、同止奸邪之路。理慎折獄、徳洽好生。至於周之三典、漢之九篇。無以加焉。

（三三）即位二年冬十月、稍纏沈痾。遂至大漸。帝臨私第、親問所患。請命上帝求効。翌日而誓願無徴、病患弥重。即詔曰、「若有所思、便可以聞」。大臣対曰、「臣既不敏、敢当何言。但其葬事、願用軽易。生則無益於軍国。死何有労於百姓」。即臥復無言矣。帝哽咽、悲不自勝。即時還宮。

(三四)遣東宮皇大弟、就於其家、詔曰、「邈思前代、執政之臣、時々世々、非一二耳。而計労校能、不足比公。非但朕寵汝身而已。後嗣帝王、実恵子孫。不忘不遺、広厚酬答。頃聞病重、朕意弥軫。作汝可得之任。」仍授織冠、以任太政大臣、改姓為藤原朝臣。

(三五)十六日辛酉、薨于淡海之第。時年五十有六。上哭之甚慟。廃朝九日。甲子、遣宗我舎人臣、詔曰、「内大臣某朝臣、不期之間、忽然薨謝。如何蒼天、殲我良人。痛哉悲哉、棄朕遠逝、怪矣惜矣、乖朕永離。何為送別之言、何為不送之語。非諺実是。日夜相携、作伴任使。朕心安定。云為無疑。国家之事、小大倶決。八方寧静、万民無愁。将茲辞為贈語。語鄙陋而不足。嗚々呼々、奈々何々。

(三六)公献説廟堂、於民自利。論治帷幄、与朕必合。斯誠千載之一遇也。文王任尚父、漢祖得張良。豈如朕二人哉。是以、晨昏握手、愛而不飽。出入同車、遊而有礼。巨川未済、舟楫已沈。大廈始基、棟梁斯折。与誰御国、与誰治民。毎至此念、酸切弥深。但聞、無上大聖、猶不得避。故慰痛悼、小得安穏。

(三七)若死者有霊、信得奉見先帝及皇后者、奏曰、「我先帝陛下、平生之日、遊覧淡海及平浦宮処、猶如昔日焉。」朕毎見此物、未嘗不極目傷心也。一歩不忘、片言不遺。仰望聖徳、伏深係恋。加以、出家帰仏、必有法具。故、賜純金香炉、持此香炉、如汝誓願、従観音菩薩之後、到兜率陀天之上、日々夜々、聴弥勒之妙説、朝々暮々、転真如之法輪」。

(三八)既而公卿大夫、百官人等、皆赴喪庭挙哀。仍給司南方相羽葆鼓吹。送葬之日、路経闕下、親御素服歩臨。勅令輟挽。対轜号泣感噎。自古帝王之隆恩、宰輔之極寵、未有若今日之盛也。送終之具、因其遺言、務従節倹、以申宿志。

(三九)粤以、庚午年閏九月六日、火葬於山階之舎。勅王公卿士、悉会葬所。使大錦下紀大人臣告送終之辞、致贈賻之礼。于時、空中有雲、形如紫蓋。糸竹之音、聴於其上。大衆聞見、歎未曾有也。

(四〇)大臣性崇三宝、欽尚四弘。毎年十月、荘厳法筵、仰維摩之景行、説不二之妙理。亦割取家財、入元興寺、儲置五宗学問之分。由是、賢僧不絶、聖道稍隆。蓋斯之徴哉。

（四一）百済人、小紫沙吒昭明、才思穎抜、文章冠世。傷令名不伝、賢徳空没、仍製碑文。今在別巻。有二子貞慧・史。史別有伝。

貞慧伝

（一）貞慧、性聡明好学。大臣異之以為、雖有堅鉄、而非鍛冶、何得干将之利。雖有勁箭、而非羽括、詎成会稽之美。仍割膝下之恩、遥求席上之珍。

（二）故、以白鳳五年歳次甲寅、随聘唐使、到于長安、住懐徳坊慧日道場。依神泰法師作和上。則唐主永徽四年、時年十有一歳矣。始鑽聖道、日夜不怠、従師遊学、十有余年。既通内経、亦解外典。文章則可観、稾隷則可法。

（三）以白鳳十六年歳次乙丑秋九月、経自百済、来京師也。其在百済之日、誦詩一韻。其辞曰、「帝郷千里隔、辺城四望秋」。此句警絶、当時才人、不得続末。百済士人、窃妬其能毒之、則以其年十二月廿三日、終於大原之第。春秋廿三。道俗揮涕、朝野傷心。

（四）高麗僧道賢、作誄曰、「夫予計運推、著自前経、明鑑古今、有国恒典、糸綸紫闕者、以薦賢為本、緝熙宗室者、以挙忠為元。故以、周公於禽、躬行三苔、仲尼於鯉、問用二学。斯並遠理国家、而非私者明矣。由此観之、凡英雄処世、立名栄位、献可替否、知無不為。或有寛猛相済、文質互変。是則聖人之所務也。唯君子哉、若人。景徳行之、高山仰之。有一於此、理固善。

（五）乃使法師遣唐学問。有教相近、莫不研習。七略在心、五車韜胸。思甄否泰、深精去就。鬼谷再涙、恐分人士。韋編一絶、陶鋳造化。是以、席上智嚢、策才堪例。而忽承天勅、荷節命駕。又詔鄜武宗・劉徳高等、旦夕撫養、奉送倭朝。

（六）仍逕海路、至於旧京。聖上錫命、幸蒙就舎。居未幾何、寝疾纏微。咨嗟奈何。維白鳳十六年歳次乙丑十二月廿三日、春秋若干、卒於大原殿下。嗚呼哀哉。

（七）乃作誄曰、「於穆丕基、経綸光宅。懿矣依仁、翼修軌格。軒冕籍甚、譲宣廟略。惟岳惟海、如城如墎。諌魚諌鼎、乃僖乃伯。積善余慶、胎厥哲人。問道西唐、練業泗浜、席間函丈、覃思秀神。荆山抱玉、弁氏申規、漢水蔵珠、竜子報随。賓于王庭、上国揚輝。爰受朝命、建節来儀。唇歯方新、橋父猶煥、近署多士、紫微壮観。四門廓硌、三端雅亮。王事靡盬、将酬国宝。

(八)世路芭蕉、人間闤城。鼠藤易絶、蛇篋難停。蘭芝春萎、松竹夏零。鳳遭繳射、鸞掛網刑。嗚呼哀哉。顔回不幸、謂天喪予。延陵葬子、称其礼与。書筆猶存、身精何処。覩物思人、堂下莫叙。嗚呼哀哉。車珠去魏、城璧辞趙。才云可惜、日還当暮。嗚呼哀哉」。

下巻

武智麻呂伝

家伝下　　僧延慶

(一)藤原左大臣、諱武智麻呂、左京人也。太政大臣史之長子、其母宗我蔵大臣之女也。天武天皇即位九年歳次庚辰四月十五日、誕於大原之第。義取茂栄、故為名焉。幼喪其母、血泣擢残、漿不入口、幾将滅性。自茲尫弱、進趣饒病。

(二)年及長大、不繋小節、形容条暢、辞気重遅。其性温良、其心貞固。非礼弗履、非義弗領、毎好恬淡、遠謝憒閙。或時手談而移日、或時披覧而徹夜。不愛財色、不形喜怒、忠信為主、仁義為行。言善無反於己、言悪無及於人。廉而不汚、直而不枉。究百家之旨帰、尽三玄之意趣。尤重釈教、兼好服餌。尊有道而敬有徳。矜貧窮而憐孤独。毎年夏三月、請十大徳、聴説法花、薫習心府。於諫主同於引裾。以宅在宮南、世号曰南卿。

(三)嘗年少時、穂積親王、遇宴会、顧謂群英曰、「遍見藤氏之子、此児懐奇殊人。吾聞、「虎豹之駒、雖未成文、而有食羊之意。鴻鶴之雛、雖未翼備、而有四海之心」。此児必至台鼎之位歟」。

(四)大宝元年、選良家子、為内舎人、以三公之子、別勅叙正六位上、徴為内舎人。年廿二。詔曰、「爾家、光済帝室、勲載策書。今錫此爵、未足為栄。間者新制律令、斉整国人。縁有条章、且錫此爵耳」。大臣家令小治田志毘、大息曰、「嗟呼此家嫡子、何有此爵乎」。心内不喜、面有愧色。或人告大臣。大臣命家令曰、「今国家、新制法令。故依例、錫爵此児。何須差恥。且休浪語」。公為内舎人、出入禁中。見者欣其徽猷、交者尚其温雅。時人相語曰、「人須有如大臣長子」。其為時人所称、如斯也。

(五)二年正月、遷中判事。公莅官聴事、公平無私。察言観色、不失其実。決疑平獄、必加審慎。雖有大小判事、其官方無准式、文案錯乱、問弁不允。於是、讞事前後、奏定条式。大宝元年已前為法外、已後為法内。自茲已後、諸訴訟者、内決己事、不敢公庭。三年四月、以疾而罷。

(六)四年三月、拝為大学助。先従浄御原天皇晏駕、家繁事、百姓多役。兼属車駕移藤原京、人皆怱忙、代不好学。由此、学校凌遅、生徒流散。雖有其職、無可奈何。公入学校、視其空寂、以為、「夫学校者、賢才之所聚、王化之所宗也。理国理家、皆頼聖教。尽忠尽孝、率由茲道。今、学者散亡、儒風不扇。此非所以抑揚聖道、翼賛王化也」。即、共長官良虞王、陳請、遂招碩学、講説経史。浹辰之間、庠序欝起、遠近学者、雲集星列。諷誦之声、洋々盈耳。

(七)至慶雲二年仲春釈奠、公謂宿儒刀利康嗣曰、「伝聞、「三年不為礼、礼必廃、三年不為楽、楽必亡」。今、釈奠日逼。願作文、祭先師之霊、垂後生之則」。於是、康嗣作釈奠文。其詞曰、「維、某年月日朔丁、大学寮某姓名等、以清酌蘋菜、敬祭故魯司寇孔宣父之霊。惟、公尼山降彩誕。斯将聖、抱千載之奇姿、値百王之弊運。主昏時乱、礼廃楽崩。帰斉去魯、含歎於衰周、厄陳囲匡、懐傷於下蔡。門徒三千、達者七十。敷洙泗兮忠孝、探唐虞兮徳義、雅頌得所、衣冠従正。豈謂頽山難維、梁歌早吟。逝水不停、楹奠奄設。嗚呼哀哉。今、聖朝魏々、学校洋々。褒揚芳徳、鑽仰至道。神而有霊、化惟尚饗」。其十二月、叙従五位下。時年廿六。

（八）三年七月、徙為大学頭。公、屡入学官、聚集儒生。吟詠詩書、披玩礼易。揄揚学校、訓導子衿。文学之徒、各勤其業。

（九）和銅元年三月、遷図書頭、兼侍従。公、朝侍内裏、祗候綸言。爰以其間、検校図書経籍。先従壬申年乱離已来、官書或巻軸零落、或部帙欠少。公爰奏請、尋訪民間、写取満足。由此、官書髣髴得備。公、為官克勤、不敢怠息。体仁足以長人、貞固足以幹事。是以、四月、叙従五位上。

（一〇）五年六月、徙為近江守。近江国者、宇宙有名之地也。地広人衆、国富家給。

東交不破、北接鶴鹿、南通山背、至此京邑。水海清而広、山木繁而長、其壌黒壚。其田上々。雖有水旱之災、曾無不穫之恤。故、昔聖主賢臣、遷都此地。郷童野老、共称無為、携手巡行、遊歌大路。時人咸曰太平之代。此、公私往来之道、東西二陸之喉也。其治急則姦偽而逋竄、其治緩則嫚侮而侵凌。公、道之以徳、斉之以礼。赦小過而演化、行寛政而容衆。入于閭閻、敬訪父老、蠲百姓之所苦、改国内之悪政。勧催農桑、使之以時。至有差課、先富饒与多丁、後貧窶与単弱。貴老恵小、令得其所。国人悦曰、貴人臨境、百姓得蘇。其被人貴仰、大略如斯也。

（一一）六年正月、叙従四位下。時年卅四。公従少時、貴重三宝、貪聴妙法。願求仏果、終食之間、不敢有忘。雖有公務、常礼精舎、忽入一寺、寺内荒涼。堂宇頽落、房廊空静。顧問国人、国人答曰、「寺檀越等、統領寺家財物田園、不令僧尼勾当、不得自由。所以有此損壊。非独此寺、余亦皆然」。公以為、「如来出世、演説諸法。教化衆生、令樹善業。其教深妙、従天竺国、流転震檀、延及此地。得其門者、出離蓋纏、失其路者、輪廻生死。何肯白衣檀越、輙統僧物。不供法侶、損壊精舎、此非所以益国家之福田。損衆生之悪業也」。

（一二）仍奏曰、「臣幸浴大化、奇守一国。因公事而巡民間、就余隙而礼精舎。部内人民、不知因果、檀越子孫、不懼罪業、統領僧物、専養妻子。僧尼空載名於寺籍、分散餬口於村里。未嘗修理寺家破壊。但、能致有牛馬蹋損。此非所以国家度僧尼、演仏化也。若非糺挙、恐滅正法、伏請明裁」。

（一三）勅曰、「崇飾法蔵、粛敬為本、修営仏廟、清浄為先。今聞、「諸国寺、多不如法、或草堂始闢、争求題額、幡幢纔施、即訴田園。或房舎不修、牛馬蹋損、庭荒涼、荆棘旅生。遂使無上尊像永蒙塵埃、甚深法蔵、不免風雨。多歴年代、絶無構成」。指事而論、極違崇敬。宜諸国兼并数寺、合成一区。庶幾、同力共造、更興頽法。明告、国師衆僧及檀越等、具脩部内寺家便宜井財物、付使奏上、待後進止」。従此已後、国人怕罪、不敢浸用寺家之物也。孔氏所言、君子之徳如風者、其在於茲乎。

（一四）於是、因按行、至坂田郡、寓目山川曰、「吾、欲上伊福山頂瞻望」。土人曰、「入此山、疾風雷雨、雲霧晦瞑、群蜂飛螫。昔、倭武皇子、調伏東国麁悪鬼神、帰到此界、仍即登也。登欲半、為神所害、変為白鳥、飛空而去也」。公曰、「吾従少至今、不敢軽慢鬼神。鬼神若有知者、豈其害我。若無知者、安能害人」。即、滲洗清斉、率五六人、披蒙蘢而登。行将至頂之間、忽有両蜂、飛来欲螫。公、揚袂而掃、随手退帰。従者皆曰、「徳行感神、敢無被害者」。終日優遊、徘徊瞻望、風雨共静、天気清晴。此、公勢力之所致也。

（一五）後就余閑、詣滋賀山寺、礼尊容而発願、刻身心而懺罪。受戒長斉、令造神剣、付使進之。帝大悦勅曰、「朕聞、「剣者、君子武備、所以衛身」。朕、間者動息不安。精神如失。得此神剣、夜眠極穏。此誠近江国守武知呂所献神剣、衛身之験矣。先哲有言曰、「徳無不報、言無不酬」。宜給田十町、以報忠効」。

（一六）公、施政公平、嘉声日益。故、至八年正月、叙従四位上。於是、国中省事、百姓多閑。公、欽仰無為之道、咀嚼虚玄之味。優遊自足、託心物外。遂登比叡山、淹留弥日。爰、栽柳樹一株、謂従者曰、「嗟乎、君等、令後人知吾遊息之処焉」。

（一七）此年、左京人、得瑞亀。改和銅八年、為霊亀元年。公嘗夢遇一奇人。容貌非常。語曰、「公、愛慕仏法、人神共知。幸、為吾造寺、助済吾願。吾因宿業、為神固久。今欲帰依仏道、修行福業、不得因縁。故来告之」。公、疑是気比神。欲答不能而覚也。仍祈曰、「人神道別、隠顕不同。未知昨夜夢中奇人、是誰者。神若示験、必為樹寺」。於是、神取優婆塞久米勝足、置高木末、因称其験。公乃知実、遂樹一寺。今、在越前国神宮寺是也。

(一八)霊亀二年十月、徴為式部大輔。養老二年九月、徙為卿。式部者、天下考選之所輻湊、群公百僚之所儀形也。公、力用公正、綜管選事、考迹功能、審知殿最、由其称否、察其黜陟。由是、国郡考文、姦濫永絶。

(一九)三年正月、叙正四位下。於是、儲后始加元服、血気漸壮。師傅之重、其人為善。故、其七月、拝為東宮傅。公、出入春宮、賛衛副君、勧之以文学、匡之以淳風。太子、爰癈田狩之遊、終趣文教之善。由是、即位已後、常施善政、矜愍百姓、崇重仏法也。

(二〇)五年正月、叙従三位、遷中納言。其九月、兼造宮卿。時年四十二。公、将工匠等、案行宮内、仍旧改作。由是、宮室厳麗。人知帝尊。

神亀元年二月、叙正三位。知造宮事如故。五年七月、遷播磨守、兼按察使。

(二一)六年、遷大納言。公、為人温雅、備於諸事。既為喉舌、賛揚帝猷。出則奉乗輿、入則掌枢機。至有朝議、持平合和。朝廷上下安静、国無怨讟。

(二二)当是時、舎人親王知太政官事、新田部親王知惣管事、二弟北卿知機要事。其間、参議高卿、有中納言丹比県守・三弟式部卿宇合・四弟兵部卿麻呂・大蔵卿鈴鹿王・左大弁葛木王。風流侍従、有六人部王・長田王・門部王・狭井王・桜井王・石川朝臣君子・阿倍朝臣安麻呂・置始工等十余人。宿儒、有守部連大隅・越智直広江・肖奈行文・箭集宿禰虫麻呂・塩屋連吉麻呂・楢原造東人等。文雅、有紀朝臣清人・山田史御方・葛井連広成・高丘連河内・百済公倭麻呂・大倭忌寸小東人等。方士、有吉田連宜・御立連呉明・城上連真立・張福子等。陰陽、有津守連通・余真人・王仲文・大津連首・谷那康受等。暦算、有山口忌寸田主・志紀連大道・私部石村・志斐連三田次等。呪禁、有余仁軍・韓国連広足等。僧綱、有少僧都神叡・律師道慈。並順天休命、共補時政。

(二三)由是、国家殷賑、倉庫盈溢。天下太平、街衢之上、朱紫輝々奕々、鞍乗駱々紛々。囹圄幽寂、嘉石苔生。仍、営飾京邑及諸駅家、許人瓦屋赭堊渥飾。至于季秋、毎与文人才子、集習宜之別業、中文会也。時之学者、競欲預坐。名曰竜門点額也。

（二四）天平三年九月、兼筑紫大宰帥。筑紫、是国家要害之地、縁海防賊之府也。公、秉其大綱、屢施寛政。身、雖在帝闕、人望同来蘇。

於是、帝春秋大富、視事不怠。心在仁愛、志務善政。台鼎之任、未有其人。以公行甚整備、含章可貞、叙従二位、陟為右大臣。是年天平六年也。時年五十五。

（二五）公居詮衡、終日乾々、鎮安国家、存恤黎庶。爵位雖尊、節操愈謙。分家所有、収贍貧孤、散糸綿等、常施三宝。屢省朝政、恒懼闕治。公家之事、知無不為、恩沢之令、聞無不施。由是、天災弥滅、鬼神不譴。百姓家給人足、朝廷垂拱無為。

（二六）至九年七月、遘疾弥留、朝廷惜之。其廿四日、皇后親臨、称勅問患。叙正一位、徙為左大臣。其翌日、薨于左京私第。春秋五十有八矣。帝聞公薨、永慟于懐。輟朝三日、遂給羽葆鼓吹。八月五日、火葬于佐保山。礼也。

（二七）公、有嫡夫人、阿倍大臣外孫。有子二人、其長子曰豊成、其弟曰仲満。使学博士門下、屢奉絹帛、労遺其師。由此、二子皆有才学、名聞蓋衆。豊成仕至左大臣、爵入正二位。後坐変事知而不奏、降為大宰員外帥。仲満改名曰押勝。仕至大師、爵入従一位。為帝羽翼、鎮撫天下。賛曰、「積善之後、余慶欝郁。冠蓋相尋、翼賛輦轂、孫々子々、恒為耳目。上安下泰、鬼神和睦。乃国乃家、爰労爰戮。忠貞籍甚、其人如玉」。

（『群書類従』ならびに『続々群書類従』を参照して本文を作成した）

解説

一　書名

『藤氏家伝』は、奈良時代後半の天平宝字四年（七六〇）から同六年（七六二）ころに成立した藤原氏の家史であり、『家伝』とも呼ばれる。上巻の「鎌足伝」（「大織冠伝」）と「貞慧伝」、下巻の「武智麻呂伝」が今日伝えられている。もとは、藤原氏の氏祖の藤原鎌足（六一四〜六六九）、鎌足の子である貞慧（定恵）（六四三〜六六六）・藤原不比等（六五九〜七二〇）、そして、不比等の第一子藤原武智麻呂（六八〇〜七三七）などの、藤原氏の「功臣」の伝記を集めた書であったが、そのうち不比等伝は残っていない。

本書は、武智麻呂の第二子であった藤原仲麻呂（七〇六〜七六四）のもとで、藤原氏の父祖を顕彰する意図から編纂されたと考えられる。律令国家の形成、確立過程で活躍した藤原氏の中心的人物の伝記として『日本書紀』『続日本紀』の別伝を伝える事柄もあり、七〜八世紀の歴史を理解する上で重要な史料と言えるが、藤原氏の立場から記述されている面には配慮が必要である。

二　成立

『藤氏家伝』上巻鎌足伝の冒頭に「家伝巻上　大師」とあるように、自ら擁立した淳仁天皇（「廃帝」）によって天平宝字四年（七六〇）正月に「大師」（太政大臣）に任じられた藤原仲麻呂（恵美押勝）が編纂を主導したと考えられる。藤原仲麻呂の権力絶頂期に編纂されたことになる。下巻武智麻呂伝には「家伝下　僧延慶」とあり、僧延慶によって編まれたことが分かるが、延慶は仲麻呂の「家僧」と推定され（竹内理三説）、巻末の仲麻呂への賛辞からも、やはり仲麻呂の意向のもとで『藤氏家伝』に収められた諸伝が撰修されたと考えられる（横田健一説）。

三　構成と内容

藤原仲麻呂は、天智天皇から藤原の氏名《うじな》を賜った藤原（中臣）鎌足の曾孫で、藤原不比等の孫であり、南家藤原武智麻呂の第二子であった。今日に伝わる『藤氏家伝』

は、仲麻呂が編んだ上巻に、鎌足伝（大織冠伝）と鎌足の子の貞慧伝を収める。また同時期に僧延慶によって編まれた下巻武智麻呂伝は、仲麻呂の父藤原武智麻呂の伝である。上巻鎌足伝の末尾に「百済の人、小紫沙吒昭明……仍りて碑文を製《つく》る。今別巻に在り。二子貞慧・史有り。史は別に伝有り」とあるから、沙吒昭明の手による鎌足墓碑の碑文が別巻にあるとともに、藤原不比等の「史（不比等）伝」が存在したことがわかる（不比等伝は今に伝わらない）。全体として、藤原仲麻呂が大師となった時期に、鎌足―不比等―武智麻呂―仲麻呂と続く藤原氏の系譜の人々の「伝」を集めて成立したと思われる。なお、仲麻呂の兄に当たる武智麻呂長子の藤原豊成は、下巻武智麻呂伝の末尾にわずかな記事が見えるのみでほぼ略されている。

仲麻呂は、鎌足・不比等・武智麻呂ら藤原氏の祖先の顕彰を意図して『藤氏家伝』の編纂に当たったと思われる。その際、藤原氏といっても、不比等の四人の子である南家武智麻呂・北家房前・式家宇合・京家麻呂の四家すべての系譜を重んじたのではなく、鎌足・不比等から武智麻呂につながる「南家」、さらに兄豊成をのぞく仲麻呂自身の「恵美家」への系譜を重視して構成されている。仲麻呂は、「恵美家印」の使用を認められているように、恵美家の「家」意識を強くもっていた。

功臣の伝記については、律令で式部省の職掌として「功臣の家伝田の事」（職員令十三式部省条）があげられ、「功臣の家伝」は「有功の家、其の家伝を進め、（式部）省吏に撰修す」（『令義解』）と説明される。この、功績ある家々が編纂して進上する「家伝」から、「家伝」の名が付けられたのであろう。

『藤氏家伝』上巻鎌足伝には、『日本書紀』の記事を参照した部分がある一方で、独自の記事も存在する。『日本書紀』に頼ってすべて編まれたわけではなく、藤原氏に伝わる別伝史料が使われたり、鎌足顕彰の目的で記載された場合があったと思われる。『藤氏家伝』には中国正史の列伝的な性格もうかがえるが、これは「家伝」が「漢書の伝の如きなり」（『令集解』職員令十三式部省条の古記）とされることと対応する。『藤氏家伝』上巻には『漢書』の影響が指摘される（植垣節也「家伝（大織冠伝）覚え書」）。そこには、官司の名称を唐風化したように、仲麻呂が中国文化に対して強い憧憬をもった背景があったのであろう。仲麻呂は、『続日本紀』のもとになった、文武元年（六九七）から天平宝字元年（七五七）までの記録の「曹案卅巻」を編纂したと推測されるように、祖父不比等の時の『日本書紀』にならって国史編纂を図っていたと考えられる。

こうして、『藤氏家伝』は、仲麻呂の中国文化への憧憬や歴史編纂への意欲を背景として、功臣が連続して仲麻呂に続くという恵美家の家系の主張として編纂されたという史料的性格をもつといえよう。坂本太郎が内容を「祖先顕彰の精神と唐風模倣の趣味」と指摘（『坂本太郎著作集第六巻　大化改新』吉川弘文館、一九八八年）するように、『藤氏家伝』には仲麻呂の編纂意図が強く刻まれているのである。

四　諸本

『藤氏家伝』の主な写本として、上巻（鎌足伝・貞慧伝）のみの写本には、①旧伏見宮家蔵『大織冠鎌足家伝　上』がある。上巻とともに下巻（武智麻呂伝）が備わる写本には、②明和四年（一七六七）平兼誼書写の植垣節也蔵『鎌足武智麻呂伝』、そして③明和六年（一七六九）藤貞幹書写の国立国会図書館蔵『家伝』がある。

このほか、上巻鎌足伝を部分的に引用する写本として、④東大寺図書館蔵のいずれも宗性が編んだ『弥勒如来感応抄草第三』（正元二年〔一二六〇〕）、『弥勒如来感応抄草第五』（文応元年〔一二六〇〕）、『華厳宗枝葉抄第十』（文永八年〔一二七一〕）があるが、一部にとどまる。また、上・下巻を備えた写本として、⑤高知県立図書館蔵の『家伝』や⑥水府明徳会彰考館文庫蔵『鎌足家伝』があり、⑥には上巻鎌足伝のみの⑦『大織冠伝』も合冊されている。なお、藤貞幹『好古日録』には、上巻鎌足伝を部分的に引用した『旧本家伝』が引かれている。これら以外にも、『家伝』を部分的に引用する諸文献もあるが、本文を忠実に引くものでなかったり、わずかな引用にとどまったりしている。

板本としては、⑦塙保己一『群書類従』に「家伝上」（上巻鎌足伝）、「家伝下」（下巻武智麻呂伝）が収載されており、のち⑧『続々群書類従』（活字本）に「貞慧伝」（上巻貞慧伝）が収められている。また、⑨明和五年（一七六八）刊の板本『大織冠公伝』は広く普及し、大阪府立図書館をはじめ各地の図書館・文庫などに所蔵されている。

活字本としては、⑩『改定史籍集覧』に「大織冠公伝」（上巻鎌足伝）・「武智麿伝」（下巻武智麻呂伝）が、⑪竹内理三編『寧楽遺文』（東京堂出版）には「家伝上」（上巻鎌足伝・貞慧伝）・「家伝下」（下巻武智麻呂伝）が収載されている。また、植垣節也による⑫「校訂・家伝上（大織冠伝と貞慧伝）」（『親和女子大学研究論叢』創刊号、一九六八年）および⑬「校訂・家伝下（武智麻呂伝）」（『続日本紀研究』一三六号、一九七七年）の校訂の成果がある。さらに、⑭日本思想大系『古代政治社会思想』（岩波書店、一九七九年）には、大曾根章介校注による「貞恵伝」「武智麻呂伝」の原文・訓読文が収められている。

その後、⑮沖森卓也・佐藤信・矢嶋泉『藤氏家伝　鎌足・貞慧・武智麻呂伝　注釈と研究』（吉川弘文館、一九九九年）が、上巻（鎌足伝・貞慧伝）・下巻（武智麻呂伝）を完備して誤写の少ない③国立国会図書館蔵『家伝』の影印と本文、諸本を校訂した校訂本文と奈良時代語の訓読文、注釈、そして索引などを提供した。巻末には諸本解説を付しており、参照されたい。

五　参考文献

詳しくは、沖森卓也・佐藤信・矢嶋泉『藤氏家伝　鎌足・貞慧・武智麻呂伝　注釈と研究』（上記⑮）巻末の参考文献一覧にゆずることとして、そのうち主要なものをいくつか紹介する。

・坂本太郎『坂本太郎著作集第六巻　大化改新』吉川弘文館、一九八八年…鎌足伝の

史料的検討を行った同氏『大化改新の研究』（至文堂、一九三二年）中の「研究の資料」を収める。

・横田健一『白鳳天平の世界』創元社、一九七三年…「藤原鎌足伝研究序説」（もと一九五五年）、「大織冠伝と日本書紀」（もと一九五八年）、「藤原鎌足と仏教」（もと一九六〇年）、「家伝、武智麻呂伝研究序説」（もと一九六二年）など『藤氏家伝』の詳しい史料的検討の研究成果を収める。

・竹内理三「解説」『寧楽遺文』下巻、東京堂出版、一九六二年…『藤氏家伝』の書誌解説。

・岸俊男『藤原仲麻呂』（人物叢書）吉川弘文館、一九六九年…『藤氏家伝』編纂を主導した藤原仲麻呂の、実証的で詳細な伝記。

・笹山晴生「続日本紀と古代の史書」、新日本古典文学大系『続日本紀一』岩波書店、一九八九年…『続日本紀』と関連する『藤氏家伝』などの諸史料を検討する。

・沖森卓也・佐藤信・矢嶋泉『藤氏家伝　鎌足・貞慧・武智麻呂伝　注釈と研究』吉川弘文館、一九九九年…国立国会図書館蔵『家伝』の影印編と本文編、校訂本文と奈良時代の訓みを復元した訓読文と語句注釈からなる注釈編、内容を研究した研究編そして索引編からなる。古代史・国語学・国文学の協業による学際的な『藤氏家伝』の研究成果。

・篠川賢・増尾伸一郎編『藤氏家伝を読む』吉川弘文館、二〇一〇年…古代史の各方面から『藤氏家伝』の内容を研究した論文集。

（佐藤　信）

本書は、ちくま学芸文庫オリジナルである。

裏社会の日本史　フィリップ・ポンス　安永愛訳

中世における賤民から現代社会の経済的弱者まで、また江戸の博徒や義賊から近代以降のやくざまで――フランス知識人が描いた貧困と犯罪の裏日本史。

古代の朱　松田壽男

古代の赤色顔料、丹砂。地名から産地を探ると同時に古代史が浮き彫りにされる。標題論考に、「即身佛の秘密」、自叙伝「学問と私」を併録。

横井小楠　松浦玲

欧米近代の外圧に対して、儒学的理想である仁政を基に、内外の政治的状況を考察し、政策を立案し遂行しようとした幕末最大の思想家を描いた名著。

古代の鉄と神々　真弓常忠

弥生時代の稲作にはすでに鉄が使われていた！　原型を遺さないその鉄文化の痕跡を神話・祭祀に求め、古代史の謎を解き明かす。（上垣外憲一）

古代大和朝廷　宮崎市定

記紀を読み解き、中国・朝鮮の史料を援用して、日本の古代史を東洋と世界の歴史に位置づける、壮大なスケールの日本史論集。（砺波護）

増補　海洋国家日本の戦後史　宮城大蔵

戦後アジアの巨大な変貌の背後には、開発と経済成長という日本の「非政治」的な戦略があった。海域アジアの戦後史に果たした日本の軌跡をたどる。

日本の外交　添谷芳秀

憲法九条と日米安保条約に根差した戦後外交。それがもたらした国家像の決定的な分裂をどう乗り越えるか。戦後史を読みなおし、その実像と展望を示す。

古代史おさらい帖　森浩一

考古学・古代史の重鎮が、「土地」「年代」「人」の基本概念を徹底的に再検証。「古代史」をめぐる諸問題の見取り図がわかる名著。

江戸の坂　東京の坂（全）　横関英一

東京の坂道とその名前からは、江戸の暮らしや庶民の心が透かし見える。東京中の坂を渉猟し、元祖「坂道」本と謳われた幻の名著。（鈴木博之）

現代語訳 信長公記（全）　太田牛一　榊山潤訳

幼少期から「本能寺の変」まで、織田信長の足跡をつぶさに伝える一代記。作者は信長に仕えた人物で、史料的価値も極めて高い。（金子拓）

現代語訳 三河物語　大久保彦左衛門　小林賢章訳

三河国松平郷の一豪族が徳川を名乗って天下を治めるまで、主君を裏切ることなく忠勤にはげんだ大久保家。その活躍と武士の生き方を誇らかに語る。

雨月物語　上田秋成　高田衛／稲田篤信校注

上田秋成の独創的な幻想世界「浅茅が宿」「蛇性の婬」など九篇を、本文、語釈、現代語訳、評を付しておくる〝日本の古典〟シリーズの一冊。

古今和歌集　小町谷照彦訳注

王朝和歌の原点にして精髄と仰がれてきた第一勅撰集の全歌訳注。歌語の用法をふまえ、より豊かな読みへと誘う索引類や参考文献を大幅改稿。

枕草子（上）　清少納言　島内裕子校訂・訳

芭蕉や蕪村が好み与謝野晶子が愛した、北村季吟の注釈書『枕草子春曙抄』の本文を採用。江戸、明治と読みつがれてきた名著に流麗な現代語訳を付す。

枕草子（下）　清少納言　島内裕子校訂・訳

『枕草子』の名文は、散文のもつ自由な表現を全開させ、優雅で辛辣な世界の扉を開いた。随筆文学屈指の名品は、また成熟した文明批評の顔をもつ。

徒然草　兼好　島内裕子校訂・訳

後悔せずに生きるには、毎日をどう過ごせばよいか。人生の達人による不朽の名著。全二四四段の校訂原文と、文学として味読できる流麗な現代語訳。

方丈記　鴨長明　浅見和彦校訂・訳

天災、人災、有為転変。そこで人はどう生きるべきか。この永遠の古典を、混迷する時代に生きる現代人ゆえに共鳴できる作品として訳解した決定版。

梁塵秘抄　植木朝子編訳

平安時代末の流行歌、今様。みずみずしく、時にユーモラス、また時に悲惨でさえある、生き生きとした今様から、代表歌を選び懇切な解説で鑑賞する。

ちくま学芸文庫

現代語《げんだいご》訳《やく》　藤氏《とうし》家《か》伝《でん》

二〇一九年八月十日　第一刷発行

訳　者　沖森卓也（おきもり・たくや）
　　　　佐藤　信（さとう・まこと）
　　　　矢嶋　泉（やじま・いづみ）

発行者　喜入冬子

発行所　株式会社　筑摩書房
　　　　東京都台東区蔵前二―五―三　〒一一一―八七五五
　　　　電話番号　〇三―五六八七―二六〇一（代表）

装幀者　安野光雅

印刷所　大日本法令印刷株式会社

製本所　株式会社積信堂

ISBN978-4-480-09944-0 C0121